Econo-Globalists 24

コロナ対策経済で大不況に突入する世界

The Great Depression after COVID-19

副島隆彦
Takahiko Soejima

祥伝社

コロナ対策経済で
大不況に突入する世界

まえがき

この本が出るころには、岸田文雄《きしだふみお》政権ができている。自民党は総選挙（衆議院議員選挙、10月31日投票）になんとか勝って公明党との連立政権を続ける。国民はうんざりして飽き飽きしたまま、今の体制が続く。だから岸田内閣は長続きしなくて、また来年次の選挙があるだろう。全国の自民党の党員たち（110万人）の8割ぐらいが、河野太郎《こうのたろう》の自民党改革に強く期待した。その波がまた襲ってくるだろう。

コロナとワクチン騒ぎは、ひと山越した。まだ騒ぎ続けて「ワクチンパスポートがないとお店に入れない」とか「子どもにもワクチンを打つべきだ」と意固地《いこじ》になっている愚《おろ》か者《もの》たちもいる。しかし国民の多数は緊急事態宣言解除で「よかった、よかった」と、貧乏くさい近場への旅行を楽しんでいる。いつ外国に飛行機で行けるようになるかはまだ分からない。世界を支配しているディープ・ステイト（陰《かげ》に隠れた政府）は、世界民衆がものすごい数で地球上を移動することを嫌うからだ。

冒頭からこんなことは書きたくないが、欧米白人の支配層たちは、ヨーロッパにアフリカ諸国や中東のアラブ人たちがワイワイ押し寄せてくるのが死ぬほど嫌なのだ。同じく中南米諸国から、北アメリカ白人地帯にラティノス（ラテン・アメリカ人）が大量に押し寄せるのも嫌なのだ。だからコロナウイルスを作って撒《ま》いたし、さらに凶悪なワクチンを作って人類の削減計画を実行に移している。

だが地球人口は97億人までしか増えない。現在は78億人である。人口増加は年に４００0万人で、増加率がどんどん落ちている。日本などは急激に人口が減っている。政府は少子化対策に本気になっている。一流の若い人口学者（demographer　デモグラファー）たちが、先進諸国の急激な人口減少に警告を発している。この本ではこの問題は書かない。

金融・経済での重大な問題は。今の金融緩和《かんわ》（ジャブジャブ・マネー）をやめて、なんとか引き締めに転じたいと米ＦＲＢのジェローム・パウエル議長は必死の形相《ぎょうそう》で言っている。ところが、出来《でき》はしないのだ。今のアメリカは引き締め策（テイパリング tapering ）に転換することが出来ない。どんなにやりたくても出来ない。Ｐ42以下にその証拠となる重要な記事を載せる。

だからパウエル議長とアメリカ政府、そしてヨーロッパも日本もウソつきだ。緩和マネー（コロナ・マネー）も政策金利上げ（ゼロ金利からの脱出）も両方とも出来ない。これを「やる、やる詐欺」とか「する、する詐欺」と言う。政府（権力者たち）というのは悪賢く国民を騙《だま》す。新聞、テレビを動員して「引き締めに転じる」と大宣伝するが、実際にはしない。金融・経済の専門家たちまで動員して「引き締めて健全財政（タカ派路線）へ」と書かせる。ところがこれはコロナとワクチンと同じ大本営《だいほんえい》発表であって、金融引き締めなんか出来ないし、やる気もない。私は騙されない。

危ないのは各種の債券（ボンド）市場が崩れることである。債券には、政府が出す国債（ナショナル・ボンド。国家の借金証書だ）から始まり、その他に大企業が発行している社債《しやさい》（コーポレット・ボンド）がある。それから、ゴミのような危険なベンチャー・ビジネスの債券（これも社債）を発行して「年率80％の利益が取れます」と謳《うた》っている。これらはハイリスク・ハイリターン債、別名〝ジャンク・ボンド〟（高《こう》リスク債。バクチ金融商品。中国では理財《りざい》商品と言う）である。30年前に騒がれたファントラ、特金《とっきん》、転換社債、ワラント債、仕組み債（CDS《シーディーエス》、CDO《シーディーオウ》）などの金融サギ商品と同じだ。そして今も性懲りもなく危険な投資信託（ファンド）を大銀行が売っている。これも債券である。

今では日銀ETF《イーティーエフ》で、日銀自身が浅《あさ》ましくも見苦しくも、株式市場で大型株（優良株）を買いあさっている。これも債券である。債券と債権の違いが分かりますか？

これら様々《さまざま》な債券《ボンド》は、金利の動きに支配される。金融市場でバクチを張っている者たちは、今、政策金利が0・2％でも上がることを死ぬほど怖がっている。債券市場に打撃が来るからだ。これらのことをこの本でガンガン説明し続ける。

これに比べたら、株式などというものは、かわいいものだ。株式市場は健全でおとなしい。戦後すぐに流行《はや》った「額縁《がくぶち》ショー」と同じで、薄いベールをまとっただけの裸体の女みたいなものだ。これがストリップショーの始まりである。債券と比べて株式はデパートのショウ・ウインドウと同じだ。立派な商品をキレイキレイに並べている。自分自身で株式投資（株の売買）をやっているだけなら安全である。騙されることがない。巻末に撰《よ》り選《すぐ》りの銘柄を載せた。

しかし債券は、今や株の100倍の量があって、いつ爆発するか分からない危険な金融市場になっている。お金にまつわる人間世界は穢《きたな》らしい世界だ。これらのことを全部書いて、この本で真実を露（あらわ）にしてみせる。

目次

3章 コロナ対策経済の〝副反応〟

装幀／中原達治
図版／篠　宏行

1章

金《きん》、株、為替、債券はこう動く

副島隆彦の予言

■ これからこうなる

まず初めに、恒例の ① 金《きん》の値段の動き。② 株式のこれから先の変動。③ 為替の動き。④ 債券とそれに伴う金利の動き。この4つについて、これらが今後どのように動くかの予測、予言を手短に書く。

① 金《きん》の値段

金《きん》の日本国内での地金《じがね》の小売値段は、ほぼ1グラム7000円である。田中貴金属の直近（10月6日）の店頭販売価格は6996円である。だからざっと7000円と考えよう。ということは、100グラムの延《の》べ板で70万円である。まだ金《きん》を買ったことのない人も、さらに買い増したい人も、私は今が安い値段だと思う。さらに買うべきである。

もう金の小売の店では、金貨《きんか》（ゴールド・コイン）を売らなくなっている。カナダメイプルリーフ金貨（1オンス、31・1グラム）も、ウィーンのハーモニー金貨も簡単には買えなくなった。カナダ政府造幣局やウィーンの造幣局が日本向けにこれ以上輸出しなくなったということだ。欧米の小金持ちたちが、これらの金貨を買いあさって、ひそかに溜《た》め

金《きん》の国内小売価格は今7,000円

2013～2021年（8年間）

出所：田中貴金属の資料から作成

「外貨準備の金、50年ぶり大幅増「埋蔵金」を計上へ」

2021年1月18日　日本経済新聞

日本が外貨準備の一部として保有する金の量が大幅に増える。18日に国会審議が始まった第3次補正予算の成立後に80トン増え845トンとなる見通し。造幣局が記念金貨鋳造のために保管していた金塊を、為替介入で得た外貨を運用する財務省の外国為替資金特別会計（外為特会）が取得する。80トンもの大幅な積み増しは金とドルの交換が停止した1971年以来50年ぶりだ。

込んでいるからだ。

それでも、あちこち探せば、まだコインショップのような店で金貨を売っている所があるだろう。現在は22万円なのだが、これに4万円ぐらいのプレミアム価格が付く。だから26万円ぐらいで買えれば買うべきである。3年後には1枚50万円ぐらいになっているだろう。

金《きん》の国際価格は1オンス1760ドルである（10月5日）。ニューヨークのCOMEX《コメックス》という貴金属の先物《さきもの》市場での値段である。これとロンドンのLME《エルエムイー》（London《ロンドン》 Metal《メタル》 Exchange《エクスチエンジ》 現物《げんぶつ》の金取引市場）での値段もほとんど変わらない。この値段を31・1グラムで割って、現在の為替1ドル＝111円をかけると、6282円になる。これは日本国内の卸《おろし》の値段である。現在は大阪取引所で卸の取引が行なわれており、ここはJPX《ジエイピーエックス》（日本取引所グループ）の一部だ。卸値《おろしね》に10％の消費税と手数料（1グラム当たり300円）700円ぐらいを足す。すると前述した小売の値段になる。だから100グラムの板で買う場合は、1枚70万円ぐらいになる。1キロの延べ板なら700万円である。まだまだ安いと私は思う。

去年の8月に付けた、小売値段で7769円を抜いて、8000円の壁を越してゆくだ

NY株は“コロナ対策マネー”で最高値のあと下落　（NYダウ　直近3年半）

日本の株価も米追随で空《から》上げのあと下落
（日経平均株価　直近3年）

出所：Yahoo!ファイナンス

ろう。金の価格についてあれこれのグラフは、P219以下に載せた。

②株の動き

株の動きについて書く。まえがきで書いたが、アメリカの中央銀行FRBのパウエル議長は、金融引き締めに大きく政策転換する、と口だけでは言い続けている。だから(1)緩和マネー、すなわちコロナ対策を口実にしたさらなる国民と企業への金配り、をやめるわけがない。やめられない。同じく(2)政策金利(短期金利)を上げることもできない。だから今のゼロ金利(年率0・25%)をアメリカは続ける。そうするしかないのだ。日本の黒田《くろだ》日銀も、居直ってゼロ金利どころかマイナス金利(現在マイナス0・1%)の政策金利(中央銀行による誘導金利)を続けるしかない。だから、もし株価が大きく下落、暴落するようだったら、すぐにでも政府の金《かね》(本当は中央銀行が刷り散らしたお金)を投入し、それを民間銀行たちにも回して、下落した株価を買い支えて吊り上げることをする。これからも、まだこのやり方を続ける気である。

10月4日にNY《ニューヨーク》で株式が540ドル下落した。東京の株価も10月5日に最大900円落ちて、最後は662円落ちて終値《おわりね》は2万7822円だった。こういう500ドルとか8

００円とかの株価崩れは、これから何度でも起きる。しかし、前述したとおり、パウエルも黒田も、それからＥＣＢ（ヨーロッパ中央銀行）のクリスティーヌ・ラガルド総裁も、緩和マネーを続ける。本音では「引き締めなんかできない」ということだ。逆から言うと株の暴落に備えて、政府が株価を何としても吊り上げる決意を固めているということだ。アメリカはダウ平均３万５０００ドル前後でグズグズ動く。ＮＡＳＤＡＱ《ナスダック》は１万４０００ドルぐらいで攻防戦をやる。「Ｓ＆Ｐ５００」は４５００ポイントぐらいで上下する。

日本の株価は２万８０００円前後でズルズルと今後も続くだろう。それでも全体としては下落、暴落基調（トレンド）に入っている。Ｐ19の株価のグラフをじっくりと見てください。

③ 為替の動き

為替（ドル円の相場）は、現在は１ドル＝１１０円でほとんど動かなくなった。ユーロとの関係では１ユーロ＝１・１ドルであり、１ユーロ＝１３０円の値段をきっちりと維持している。不思議なぐらいに為替を動かさない。為替市場の動揺が見られない。それは後ろのほうで書くが、米、欧（ＥＵ）、日の先進国３者、すなわち〝ダンゴ３兄弟〟は、金融緩和政策とゼロ金利を続けざるを得ないという苦し紛《まぎ》れの政策を続けるために、世界中の貧乏国（新興国も含む）たちに向けて「先進国の金融体制はしっかりしている。ドルもユーロも日本円も、ガッシリ安全です」というふりをし続けなければいけないからだ。だから、こういうことをやっている。

　この本の2章Ｐ93他で詳しく書いたが、このあと急激に中国を中心に「デジタル人民元」による世界通貨体制に向かいつつある。この別名がＣＢＤＣ《シービーディーシー》（セントラルバンク・デジタルカレンシー）だ。分かりやすく書けば**「中央銀行が発行する電子マネーで、自国内のすべてのお金の使用を満たす」**ということだ。

　最近、急激にアフリカや南米の貧乏諸国が、「我が国も、ＣＢＤＣあるいはビットコインのような仮想通貨を通貨《カレンシー》にする」と宣言している。その先鞭《せんべん》をつけたのが中米のエルサルバドルであった（9月7日）。一体、何を言い出したか、とみんなが怪訝《けげん》に思って訝《いぶか》しがった。ところが、続いてアフリカの新興大国と呼ばれるナイジェリア（人口2億人）が、10月1日から「ＣＢＤＣを我が国の法定通貨（リーガル・テンダー）にする。そのための実験を始める」と発表した。アジア諸国でもバングラデシュやスリランカなどの貧乏国が、「モバイル決済の電子マネーを国家制度の中に入れる」としている。これらの仮想

為替（ドル円相場）は、1ドル＝110円の密約に戻った

ドル円の為替相場（6年半）

出所：Yahoo!ファイナンス

先進国がどんなに野放図《のほうず》に金融緩和（ジャブジャブ・マネー）を続けても「1ユーロ＝1.1ドル＝130円」の“鉄の輪”を嵌《は》めて、為替が安定していると見せかけている限りは、今の通貨体制が続く。しかし「デジタル人民元」がそれを脅かす。

通貨（暗号資産）の激しい動きについてはP82以下で詳しく説明する。

なぜ、世界中の後進国（貧乏国。新興国も入っている）が、雪崩《なだれ》を打つようにCBDC（中央銀行電子マネー）に向かっているかと言うと。どうやらそれは、中南米諸国（南米《なんべい》）もアフリカ諸国も、アジアの小国たちも実情としては、これまでずっと米ドルがまるで自国通貨のように使われてきた。それが戦後ずっと続いてきた現実だ。

これらの貧乏諸国は、自国の通貨（紙幣）を発行しているのだが、あまりに信用がなくて、どんどん下落してゆく。アフリカのジンバブエ（旧ローデシア。植民地主義者だったセシル・ローズが作った国）では、年率3万%のインフレ率（300倍）のハイパー・インフレを起こしている。ちなみに日本では敗戦後の昭和21年（1946年）の1年間で1000%（10倍）のハイパー・インフレが起きた。それで「預金封鎖」と新円切り換えが断行された。

それでもジンバブエ国民は生きている。民衆はどこの国でも、何があろうと、核兵器が落ちようと、疫病《えきびょう》（パンデミック）が襲いかかろうと、戦乱のさなかでも、しぶとく生きてゆくのである。

ということは、後進国は自分の国の政府が発行する通貨の信用がまったくないので、その代わりに米ドル札が当たり前のように流通している。アフリカも南米諸国も、この事態は変わらない。公務員たちは、給料は自国通貨で貰《もら》うのだが、すぐにそれを闇《やみ》の両替屋に持っていって、米ドルに替《か》える。現状は米ドル紙幣が世界中で流通している。この事態をなんとか食い止めようとして、小さな国々（貧乏諸国）の首相や大統領たちが、思い切って仮想通貨やCBDCを自国の通貨に変えてしまうという動きに出たのである。

CBDCと仮想通貨（暗号資産）の共通点は、ブロックチェーン技術を使うことである。中国の習近平《しゅうきんぺい》は、「ブロックチェーン技術の研究をしろ」と、15年前に号令を発した。ブロックチェーンについては、もうあれこれ説明できない。が、裏の秘密情報を教えると、ブロックチェーン技術を作ったといわれるサトシ・ナカモトという人物は、本当は神戸港の貨物船の出入りを管理する港湾管理局で働く日本の公務員たちなのである。港の管理技術がビットコインを作った。ブロックチェーンは、船荷《ふなに》証券などの積み荷を管理する技術から生まれたのである。

そして、**世界で一番有力なCBDC（中銀《ちゅうぎん》デジタル通貨《カレンシー》）は、どう考えても中国のデジタル人民元**である。まずアジア諸国が、じわじわとデジタル人民元に自国通貨を切り替えてゆく動きになっている。中国人民銀行の易綱（い・こう。イー・ガーン）総裁は、去年「デジタル人民元はアジア諸国で1万ドル（100万円）以下の、小口の決済用に使われていくだろう」と控えめに述べた。だが、本当は大きな動きとして、世界を支配しているドル覇権（米ドルによる世界通貨体制）にデジタル人民元（本当は人民幣《レンミンビ》）が取って代わってゆく動きを示している。私の考えでは、この動きは決定的な世界歴史の転換となる。

　貧乏国という言葉をわざと私は使ったが、世界中のどんな最貧国でも、不思議なことに、驚くべきことに、スマホがほとんどの国民に行き渡っているのだ。イランやイラクやシリアにいたＩＳ「イスラム国」の兵士たちや、さらには8月15日に米軍がみじめに撤退していったアフガニスタンでも、イスラム原理主義者《ファンダメンタリスト》（過激派）のタリバーンの兵隊たちが、みんなスマホを持っていて、ＡＫ47機関銃をぶら下げたまま、スマホ画面に見入っている。

　ということは、アフリカでも南米でもみんなスマホを持っているのだ。だからもうすぐモバイル決済（スマホ決済）で、みんなお金のやり取りはできてしまうのだ。これが、こ

歴史的なドル円の相場の推移

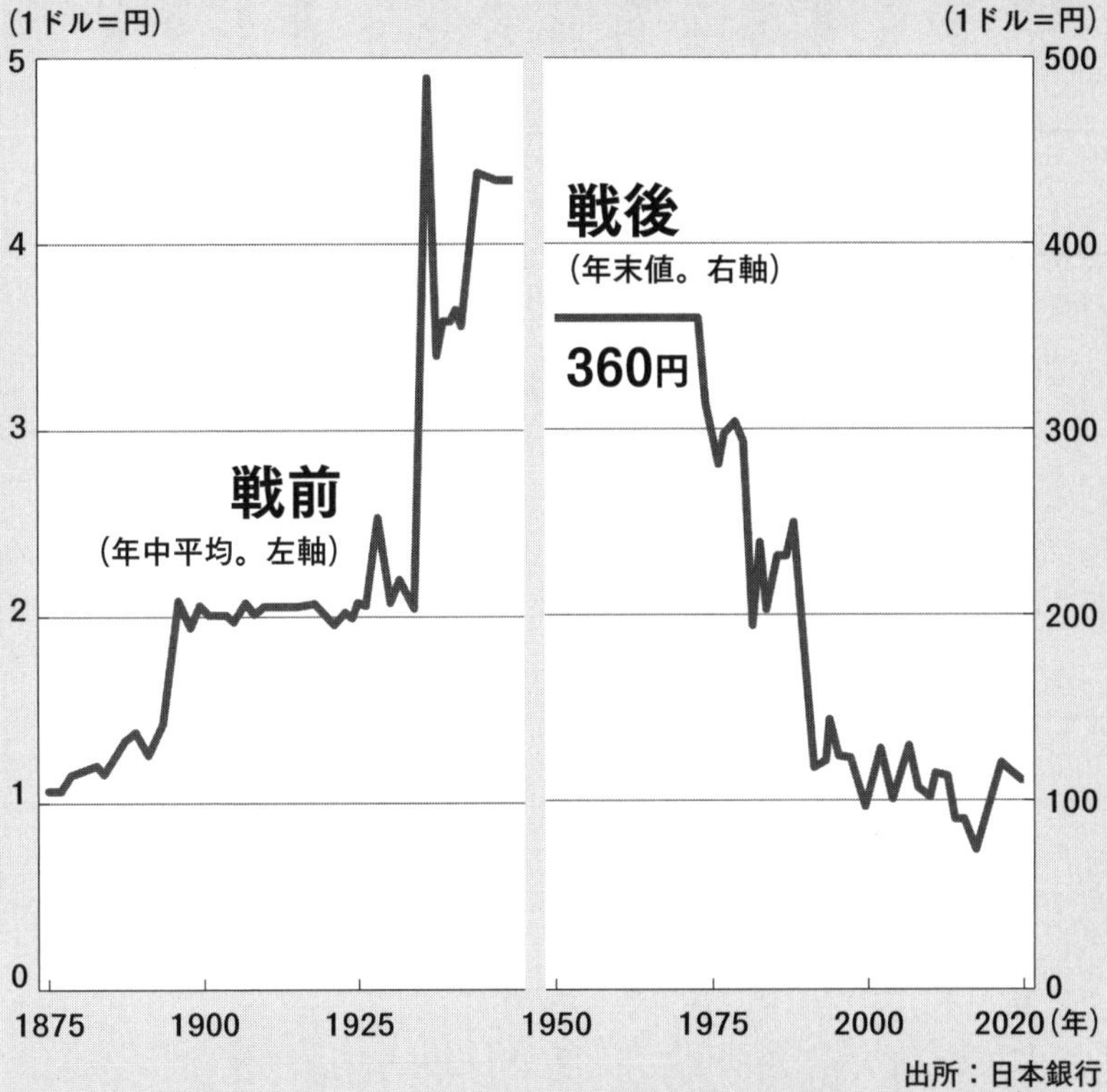

出所：日本銀行

明治の初めに1ドル＝1円として為替は始まった。1円で1人の使用人の年収分であった。これが昭和の敗戦で1ドル＝360円になった。これを今、ふたたび1ドル＝1円に戻そうという動きが、密かに進んでいる。

だからリデノミネイション(P152)なのである。

れから進行する、世界のあまりにも当たり前の驚くべき事態である。おそらくデジタル人民元がアメリカ帝国のドル覇権にとって代わる。

日本ではソフトバンクのペイペイやＮＴＴドコモのｄ《ディー》払いなどのＱＲコード決済があるが（Ｐ179の図を参照）、どうもこの背後にも中国のデジタル人民元が控えているように見える。


だから世界通貨の動きに関して、大きなことをここでドカーンと言っておく。このことはＰ152以下で詳説するが、**２０２４年ごろから米ドルが暴落して、今の１ドル＝１１０円から80円、60円、40円に落ちてゆくだろう。** 私は10円まで落ちると考える。それに対して、日本国政府と日銀は、そのドル大暴落に立ち向かうかのように、自《みずか》ら日本円を10倍切り上げる。すなわち1万円を１０００円。１０００円を１００円にする通貨単位の変更（リデノミネイション）を断行するだろう。ということは、ドルは10分の1に切り下がり、それに対して円を10倍に切り上げる。だから10×10＝１００で、合わせて１００倍の驚くべき為替変動が起きるということだ。

今の１ドル＝１１０円が１・１円になるということである。私はこのことをこの数年

10年もの米国債の利回り（直近3年）

出所：FRB

日本10年もの国債の利回り（直近3年）

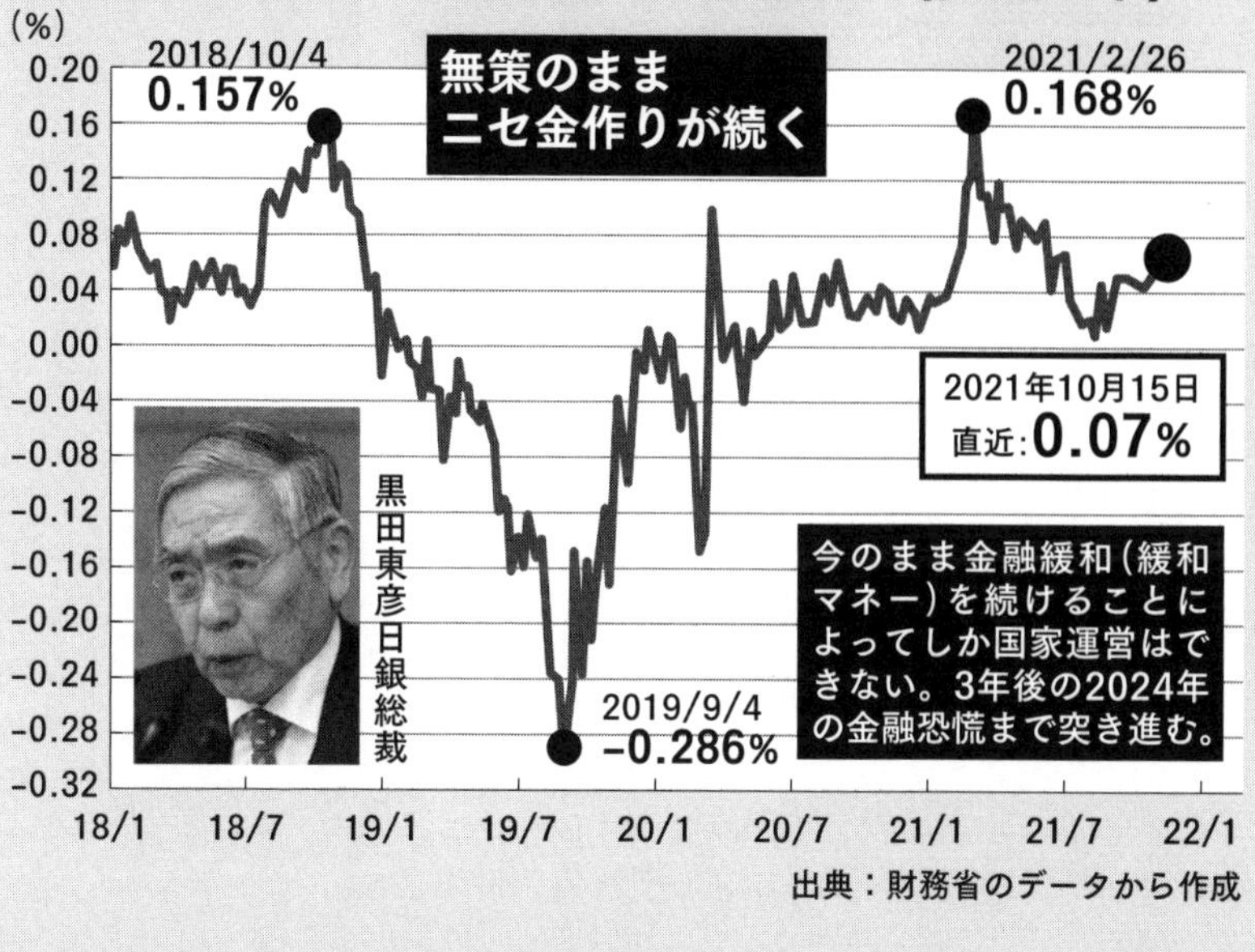

出典：財務省のデータから作成

間、わざと書かないままにしてきた。このことを私の本を真面目に真剣に読んでくれている人たちへの大きなプレゼントとする。

なぜ日本の権力者たちが１ドル＝１・１円にしたいかと言うと、日本人にも意地があって、あまりにもアメリカの言いなりになって、戦後70年弱いじめられたことへの反撃をしたいからである。

Ｐ27のグラフにあるごとく、幕末から明治初年にかけて小判１両＝金貨１枚（メキシコ１ドル銀貨で４枚）であった。明治になって１ドル＝１円になった。それが大正、昭和の戦争の時代に１ドル＝６円ぐらいまで円は下落していた。そして敗戦後に日本の国力が激しく落ちたので、「１ドル＝３６０円」とアメリカ占領軍政府に決められてしまった。１円（丸）は３６０度だから３６０円にされてしまったというバカみたいな冗談もあるが、だいたい当時の国力から言って、そこまで日本は落ちていた。

しかしこの激しい円安を利用して、日本は焼け野原から復興し、輸出国として貿易でお金を稼ぎ始めた。そして２０１１年には東日本大震災、原発事故があったというのに、１ドル＝75円にまで持ち直した。あのときは、大地震のあとでも日本国の信用と工業生産力があり、日本国債を買うと４％ぐらいの金利（利回り《イールド》）が付くということで、世界中の中央政府までが日本に投資した。だから円高になったのである。別に日本国を助けようと思って世界中が日本国債を買ってくれたわけではない。

これらのことについては、P152以下を再度読んでください。

④ 金利と債券

ここまで何度も書いてきたが、FRBのパウエル議長は金利を上げない、上げられないのだ。この金利についてだが、長期金利（10年もの米国債の金利）が10月5日に1・58％まで上がってきた。P33のグラフのとおりである。ということは、1・6％どころか、今度は2・0％ぐらいまで跳《は》ね上がってゆくだろう。ほんの0・5％上がるだけでもアメリカの権力者たちは肝《きも》が冷える。後ろのほうで切々と書くが、ディープ・ステイト（陰に隠れた大富豪たち）にとっては、この市場金利が上がっていくことは、ものすごく恐怖すべきことなのだ。

そろそろ私の本の読者に分かってもらいたいのは、①お金の発行量と、②政策金利（短期金利）の2つしかFRBは舵取りの操舵輪《そうだりん》を握っていない、ということだ。この権限（権力）はものすごく大きいものなのである。それに対して、10年もの米国債の金利

（長期金利）は、市場の実勢の金利である。これがどんどん上がっていくと、舵取りの権力である政策金利（短期金利）で動きを牽制《けんせい》して引き締めていく。その道具として政策金利（政策誘導金利。ＦＦレート。昔の公定歩合《こうていぶあい》）は重要なのである。

このことをみんなが、なかなか分からない。「1年以下の金利と10年もので何の違いがあるの」としか思っていない。**ＦＲＢ（中央銀行）が握っている短期金利を動かす力は、絶大なもの**であって、まさしく船の舵取りの舵なのである。これを手放して、放り投げて、あるいは壊れてしまうと、本当に船という国家は漂流するのである。

市場金利の総大将（指標《しひょう》）である10年もの国債（ナショナル・ボンド）は、債券（ボンド）の一種である。金利は債券の売買値段として決まっていく。この債券は証券（セキュリティーズ）と言ってもいいし、有価証券と言ってもいい。約束手形や銀行小切手（バンカーズ・ドラフト）のような第二のお金たちも債券に含まれる。

もっと分かりやすく書くと、ビール券やコンサートのチケットやプロ野球の入場券やデパートの商品券なども債券であって、有価証券である。紙切れの上に金額が書いてあり、酒屋に持っていくと1ダース12本に換えてくれる。だからこの３０００円のビール券や5

金利がじわじわと上がり出している。これが危険信号だ

出所：ブルームバーグのデータをもとに副島が作成

国債利回り（＝長期金利）に異変が起きている。お札と国債を刷り過ぎたので、金利が上がり出した。インフレ懸念になった。これに対抗して中央銀行は政策金利（＝短期金利）で、この舵取りをする。この舵が壊れたら船（国家）は漂流する。

000円のコンサートチケットを、2割引とか3割引で売って、それが流通する場合のことを考えてみれば分かる。5000円の入場券が半値で買えれば、実質の利回り（金利）が50％付いたことに等しい。逆にどうしてもその歌手のコンサートに行きたい人が、会場前でダフ屋から5000円の入場券を1万円で買ったら、マイナス100％の金利だ。この考えから債券と金利が生まれるのである。

国債（国家借金証書）は、お札《さつ》と同じ信用力があると言われている。30年前なら、「額面500万円の国債証書」で、表面利率1・8％とか書いてあるものは、それを本気でお札代わりに使おうと思えば使えたのだ。そういう証券が実際に存在したのである。今はデジタルになって、株券も含めてすべて紙片《しへん》（紙きれ）が発行されなくなった。だから、この流れこそはデジタル人民元につながる流れなのだ。お札が消えてなくなりつつある。お札がなくなってスマホ決済になる。現に中国ではそうなっている。紙のお札（紙幣）が消えてしまったのである。

まさかお札には表面金利は書いていない。お金は銀行に預けて初めて預金金利が付く。ところが、銀行預金は実質0％になってしまっている。恐るべき低金利で、一体これで本当に資本主義の体制と言えるのか、という問題にまでなっている。

2章

緩和マネーと危険な債券

■ＦＲＢの「やる、やる詐欺」

アメリカと日本とヨーロッパの株価は、このあとも無理やり今のままのバブルのような高値を維持する。なぜなら株価が急に崩れると、世界経済がおかしくなるとみんなが分かっているからだ。アメリカのニューヨークの平均株価は３万５０００ドル前後。日本の東《とう》証《しょう》（ＪＰＸ）の株価は３万円前後。これをなんとか維持しようとしている。

この本は金融・経済の本だが、日本の政治が動いたので、そのことも触れる。日本の新しい岸田政権は、またしてもコロナ対策資金として、20兆円の景気対策費を盛り込もうとしている。アメリカのバイデン政権も、あとのほう（Ｐ104）で示すとおり、コロナ景気対策として１０００億ドル（11兆円）の財政出動をやると言っている。どこにそんなお金があるのか。結局は、中央銀行（ＦＲＢ）にお金を刷らせる。そして、その担保（プレッジ）として買い取った米国債がＦＲＢの資産勘定に積み上がる。それが限界まで行く。

つまり、**金融引き締め（tapering テイパリング）はできない**ということだ。やる気もやる力もない。ジェローム・パウエルＦＲＢ議長は、「金融引き締めに転じる」とか

金融引き締めをやる気はない。できはしない

会見を伝えるFOXの画面

2021年9月23日、FOMCでのパウエルFRB議長の記者会見で「FRB、量的緩和縮小11月にも決定　利上げも前倒し示唆」

（日本経済新聞）

「政策金利を上げてゼロ金利から脱出する」と口では言っている。だが、口で言うだけで、できはしないのだ。

その証拠は、Ｐ42以下に載せる新聞記事にある。この記事の見出しは、「ＦＲＢ、量的緩和縮小11月にも決定　利上げも前倒し示唆」となっていて、いかにも量的緩和をやめる方向に向かい、政策金利を「ゼロ金利」から急激に転換して引き上げてゆくように書かれている。

アメリカのＦＯＭＣ《エフオウエムシー》（Federal《フェデラル》 Open《オープン》 Market《マーケット》 Committee《コミティー》　連邦公開市場委員会）は、9月21日と22日に開かれた。このＦＯＭＣは、ＦＲＢの理事と、地区連銀の総裁の合計12人が出席（7人がＦＲＢ理事。残り5人が12ある地区連銀の総裁の中から選ばれる）して、金融政策の方針を決める。日本の日銀の政策委員会に当たる。

この記事を読んでいると、初めのほうは、ずっと金融緩和をやめる、引き締めに転じる、もうこれ以上中央銀行（ＦＲＢ）が紙幣（お札）を無制限に政府に渡すジャブジャブ・マネー政策を続けることをやめる、と書いてある。そして同じく、今のゼロ金利という、資本主義が死んでしまった異常事態から脱出して、少しずつでも金利を引き上げていくとパウエルは言ったとワイワイ書いている。

ところがそれを「22年から23年に行う」と書いてある。え？　こんなインチキな政策発表があるのか。まさしく「やる、やる詐欺」である。世界中の金融のプロたちやバクチ打ちたちに警告を発して、「FRBは、もうすぐやるからな」と金融業界の鼻面《はなづら》を引きずり回すようなことを書いている。ところがこの記事の一番最後に、たった3行。コロッと態度が変わって、「9月21～22日に開いたFOMCはゼロ金利政策の維持を決め、短期金利の指標であるフェデラルファンド金利（FF金利）の誘導目標を0～0・25％に据え置いた。量的緩和政策も継続する。投票権を持つパウエル議長ら11人の全会一致で決めた」と、驚くべき居直りを示している。これは「金融緩和をやめる、やめる詐欺」である。

ここにはっきり「ゼロ金利政策の維持を決め、……0～0・25％に据え置いた。……量的緩和政策も継続する」と明らかに豹変《ひょうへん》して、ケツをまくって本音の態度に出ている。金融引き締めなどやる気はないのだ。できはしない。このままズルズルとジャブジャブ・マネーとゼロ金利を続ける。そして3年後の世界大恐慌（2024年）まで突入してゆくのである。彼らはもう世界金融の舵取りをする力がない。この「舵取り」というコトバが大事であって、船の操舵翼《ペダル》が壊れて、操舵輪《そうだりん》（舵《かじ》）を自分で必死に握りしめる気力がなくなっている。

■パウエル議長は船の舵取りを放棄したのか

どんな大嵐の中でも、船長が操舵輪（舵）を握って、必死で船のペダルと帆《ほ》の操作を自力で動かしている限りは、船は何とか自分の力で動いてゆける。ところがこのパウエルの発言には、自力の舵取りの能力を半分放棄したような呆然《ぼうぜん》とした態度が見られる。ここで操舵輪を握りしめて、「私は何が何でも引き締め（テイパリング）に転じる。誰が何を言おうが、アメリカ合衆国と世界経済のために、気色《きしょく》の悪い金《かね》たちが世界中に溢《あふ》れかえって悪さをするのを放置するわけにはいかない」と断固として言い切れるならば、パウエルはのちのち歴史に残る立派な議長と呼ばれる。

ところが彼にはそんな根性がない。これを言ってしまったら、彼はディープ・ステイトの怒りを買って、来年2月の任期切れを前に首を切られて別の人物に挿《す》げ替えられる。この議長人事についてはまだ予断を許さない。ここまで彼らに従順になっても、パウエルは首を切られるかもしれない。

今のところは、パウエルの首はつながって、さらに4年の任期を続けそうだ。なぜなら、世界支配者どもの言うことを聞いたからだ。コロナ・マネー、ジャブジャブ・マネー

「ジャブジャブ・マネーをやめる」と言っていたのに

オンライン方式で講演したパウエルFRB議長

「緩和相場の終焉」警戒強める世界で株安連鎖

（日本経済新聞　2021年8月19日）

8月18日に公表された7月の米連邦公開市場委員会（FOMC）の議事要旨では年内のテーパリング（量的緩和の縮小）開始が示唆された。

株式市場では緩和相場の終焉を警戒する形で米国から日本、欧州へと売りが連鎖的に広がった。「9月決定・11月の縮小開始」に向け、株式市場は不安定な局面を迎えそうだ。

tapering《テイパリング》

とは、ロウソクの火が少しずつ消えること。

出し過ぎたコロナ対策費などの過剰資金を回収すること。金融引き締めのことである。

のフェイクマネー（偽物のお金たち）を大増刷し続けて、地獄の底まで行くのである。地獄の釜《かま》の蓋《ふた》は開《あ》いて、人類を待ち構えている。次に載せる記事を真剣に、しっかりと読むならば、このパウエルたちＦＲＢ理事と連銀総裁たちの根性なしぶりがよくよく分かる。

「ＦＲＢ、量的緩和縮小11月にも決定　利上げも前倒し示唆」

米連邦準備理事会（ＦＲＢ）のパウエル議長は、９月22日、米連邦公開市場委員会（ＦＯＭＣ）後の記者会見で、量的緩和縮小（テーパリング）の開始を次回会合がある11月にも決定する見通しを表明した。ＦＯＭＣは景気減速と高インフレが同時に進むなか、ゼロ金利の解除時期を２０２２年に前倒しする可能性を示した。

ＦＯＭＣの声明は、テーパリングに関し、経済回復が予想通り進めば「資産購入ペースを緩めることが早急に十分な根拠を得るだろう」との判断を示した。ＦＲＢは現在、米国債を月８００億ドル、住宅ローン担保証券（ＭＢＳ）を同４００億ドル購入している。パウエル議長は「テーパリングを来年半ばまでに終えるのが適当」との見解を示した。

新型コロナウイルスの感染が再拡大しているのに加え、中国不動産大手、中国恒大《こうだい》集団の経営不安から世界の金融市場に不安が広がっている。異例の金融緩和政策の正常化への道のりは平たんではない。

今回のＦＯＭＣは、正副議長や理事、地区連銀総裁ら参加者18人が、それぞれ中期の経済・政策見通し（ＳＥＰ）を提示した。22年に利上げを見込むのは9人となり、利上げによってゼロ金利を解除する見通しが中央値となった。前回6月の予測では23年にゼロ金利の解除を見込んでいた。23年、24年は中央値で年3回ずつの利上げを見込む。

パウエル議長は「テーパリングの開始がそのまま利上げの検討を意味するわけではない」とし、急速な金融引き締め観測が市場に広がるのをけん制した。「恒大集団の問題は高水準の債務を抱える中国に特有のようだ」とし、「米国への影響は現時点で大きくない」との見方を示した。来年2月に任期が切れる自身の再任に関しては「言えることは何もない」と述べた。

デルタ型の感染拡大や財政出動の息切れを受け、景気の減速リスクが高まる。その一方で、供給制約《サプライ・リストレイント》（引用者注。供給された資金がどこかでダブつくこと）が長引き、インフレの加速が続く恐れが拭《ぬぐ》えない。

今回、FOMCは、21年10～12月期の実質国内総生産（GDP）が前年同期比5・9％増えると予測し、前回6月予測（7％）から下方修正した。22年は3・8％、23年、24年はそれぞれ2・5％、2・0％の成長を見込む。FOMCの声明は「新型コロナの感染拡大が（景気の）回復ペースを鈍らせている」と指摘した。

一方、物価上昇率は21年10～12月期に4・2％を見込み、6月予測から0・8ポイント上方修正した。「22年以降に目標の2％をやや上回る水準に落ち着いていく」という筋書きを描く。「雇用の見通しは失業率が22年以降に3％台に低下する」と予測した。

インフレが高進し、テーパリングを終える前に（急に）利上げを迫られる可能性については「それは私の見通しではない」と答えた。

21～22日に開いたFOMCは、ゼロ金利政策の維持を決め、短期金利の指標であるフェデラルファンド金利（FF金利）の誘導目標を0～0・25％に据え置いた。量的緩和政策も継続する。投票権を持つパウエル議長ら11人の全会一致で決めた。

（日本経済新聞　2021年9月23日　振り仮名や注記は引用者）

ほら。この記事の文末3行にあるとおり、「金融緩和を続けまーす。金利も上げませーん」と、はっきり書いてあるではないか。記事の前のほうではまるで寝言のように、ムニャムニャと「来年（2022年）、再来年（2023年）になったら引き締めに転じるかもしれません」と口約束、空《から》約束をしている。このことを私たちはよくよく分かるべきだ。だからジャブジャブ・マネーは今のまま続くのだ。

■日銀も緩和マネー政策を続ける

これに対して、日本の黒田東彦《くろだはるひこ》日銀総裁は、まだ正直者である。彼は居座って、居直って堂々と「日本はデフレのままです。私が目標にした2％の、無理やりのインフレ率の達成もできませんでした」と、この一点だけは歯を食いしばって絶対に言おうとしないが、それ以外の点では実に正直に言っている。

「だからさらに金融緩和を進める」と、はっきりと居直って言っている。黒田総裁の任期は（任期5年を2回やる）2023年の4月までである。彼は今の政策を絶対に変えないだろう。自分が2013年4月に言いだした「異次元《いじげん》緩和」に忠実に、巨額のジャブジャブ・マネーを毎年、（初めは）80兆円ずつ増やしてきた。黒田は、この考えをやめないだろう。だからこのまま緩和マネー政策を押し通す。ということは、株価には大きな変動はない。大暴落をさせない。

黒田は、自分の任期切れで有終の美を飾る2023年まで、今の態度を変えないだろう。日本は無理やりデフレをインフレに変えるインフレーション・ターゲティング政策（インタゲ政策）をこの10年やってみたが、うまくいかなかった。黒田にしてみれば、約束違反の慚愧《ざんき》の思いではあるが、それでも意地を張って「自分の態度の一貫性」だけを誇りに、再来年（2023年）に辞めてゆく。こんなものでも花道である。

そのあとは、もう知ったことではない。それをフランス語で「アプレ・モア・ル・デルージ」"Après moi le déluge." と言う。直訳したら「私のあとに洪水が来る」という意味である。つまり、私が去ったあとのことは、知ったことではない、だ。権力者や為政者の中で、まだ良心がある部類の人たち（黒田東彦は人格は立派な男であると私は書いてきた）であれば、このような苦しみを抱えて顕職《けんしよく》から退場してゆくのである。

アメリカFRBのパウエルも人騙《ひとだま》しをやって「金融を引き締める政策に転換する」と、口だけは言い続けている。だが実際には緩和政策のままだ。もし引き締め《ティパリング》に転じたら株が

「中国恒《こう》大《だい》集団」破綻問題。すぐには中国政府は救わない

中国恒大集団の本社に押し掛ける人々（深圳、9月16日）

写真：AFP＝時事

中国恒大集団の別荘リゾートは工事が止まっている（江蘇省南通市啓東、9月15日）

恒大の負債総額は2兆元（34兆円）近い

主な債務項目	金額
買掛金（取引先への支払いなど）	1兆元
借入金（社債、理財商品）	6,000億元
契約債務（入居予定者への物件引き渡し義務など）	2,000億元
その他	2,000億元
負債総額　（注）6月末時点	2兆元

暴落を始める。だから世界大恐慌に突入するであろう2024年までは、今の体制がずっと続いてゆく。

■中国「恒大集団《こうだい》」騒ぎの理由は社債にあった

今年の8月から、中国の大手不動産販売会社である恒大《こうだい》集団が破綻《はたん》する、と騒がれている。これが世界恐慌の引き金になるのではないか、とまで言われている。負債総額は2兆元（34兆円。1人民元＝17円とする）で、ドルで表示すればちょうど3000億ドルである。これは、中国全体の不動産業に対する融資額の0・6％でしかない。こんな小さな金《かね》が世界恐慌の引き金になるはずがない、と専門家たちも言っている。

それなのになぜ、こんなに中国国内だけでなく世界が不安になり騒いでいるのか。それは、この会社が発行した社債に問題があるからだ。社債はコーポレット・ボンドcorporate bondと言う。P47で負債の内訳を表にしたが、ちょうど半分の1兆元（17兆円）は、主に建設費の未払い分である。残りの半分の半分（6000億元）を、社債を発行して調達している。

恒大集団の株価の推移（直近1年間）

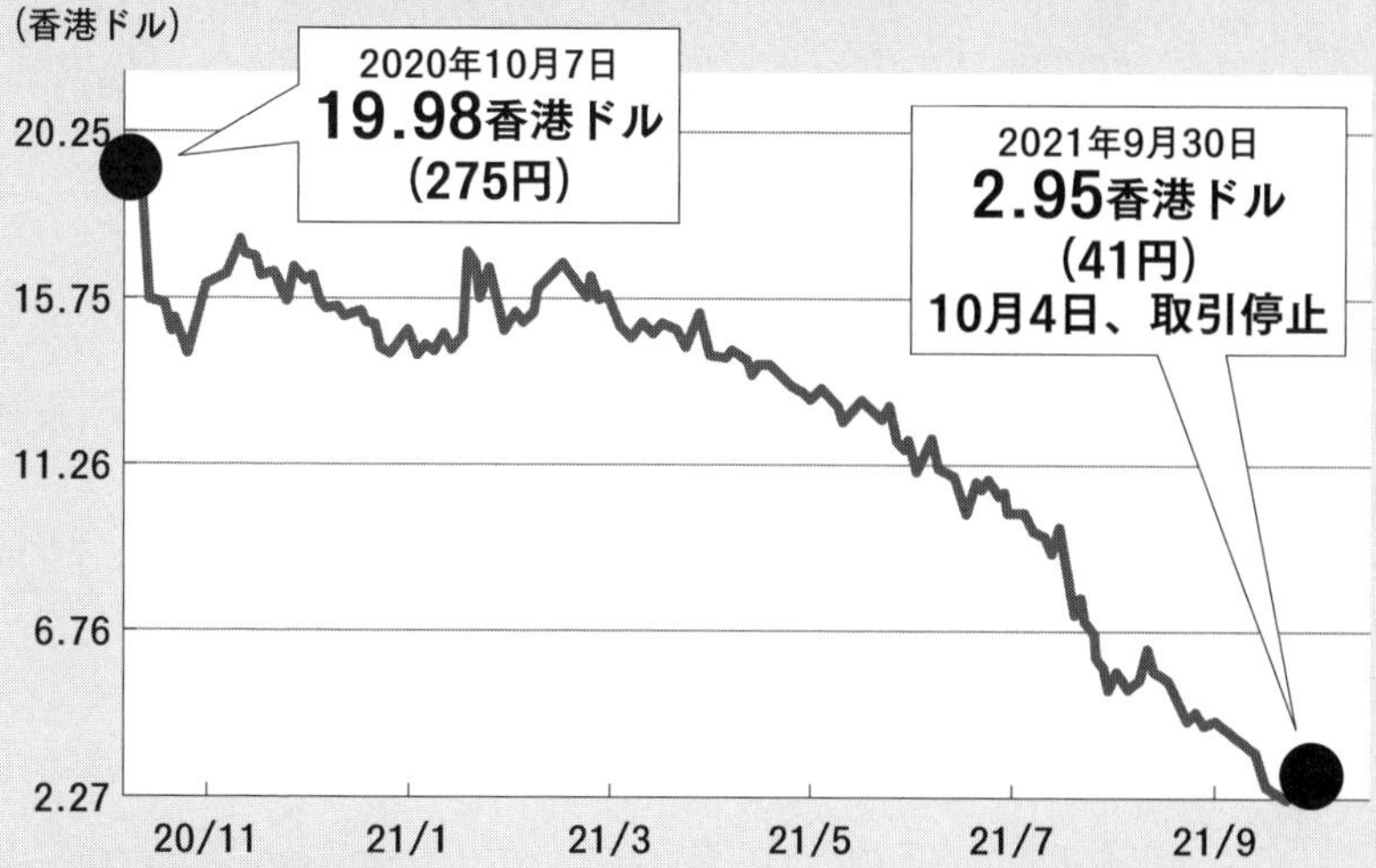

出所：ブルームバーグ

深圳にある恒大集団の本社ビル

中国恒大（エバーグランデ・グループ）は香港株式市場（香港証券取引所）に上場している。

今年の1月19日には年初来最高値の17.26香港ドル（240円）を付けたが、下げ続けて9月30日には6分の1になった（41円）。そして10月4日から、取引が停止された。まだ上場廃止ではない。

この社債を、世界中に散らばっている中国系の投資家たちが買っている。はっきり言うと香港人や台湾人、それからチャイニーズ・アメリカンという、アメリカ国籍を持っているが元は中国人たちである。これ以外に、アメリカの大手金融バクチ会社であるブラック・ロック（ラリー・フィンクCEO）が大量に買っている。

どうやら恒大集団（エバーグランデ・グループ）の社債は、中古債《ちゅうこさい》の市場で激しい投げ売り状態になっていて、その利回りが年率70％から80％にまでなっている。さらには利回り（イールド）が700％にまで跳《は》ね上がったという噂が流れている。こんな恐ろしいバクチ商品を売り買いする人々が世の中にはいるのである。

恒大集団の株価は、今年の最高値から4分の1にまで落ちた（P49のグラフ）。株式の値段（株価）は健全な評価であって、高値で買った人が4分の1にまで値下がりして泣いていればそれで済むことだ。

ところが、社債は債券市場で売り買いされるから、どこまでも値下がりするし、気《き》色《しょく》の悪いバクチ商品に組み立て直して売られる。それは、かつて日本でも売り買いされた「特金《とっきん》（特定金銭信託）」や「ファントラ（ファンド・トラスト）」と呼ばれたハイリスク債などと同じだ。日本のバブル景気で、特金とファントラの運用規模は合わせて46・8兆円にまで膨《ふく》らんだ（日経平均が史上最高値を付けた１９８９年）。だが、バブルがはじけると特金もファントラも大暴落した。あのときは農協（農中）や県の共済連《きょうさいれん》が大損をした（１９９１年）。あるいはワラント債や転換社債のようなバクチ商品も売り買いされていた。大銀行が今も売っている。仕立て直して個人向けに作っているＲ《アール》Ｍ《エム》Ｂ《ビー》Ｓ《エス》（Residential《レジデンシャル》 Mortgage《モーゲッジ》 Backed《バックト》 Securities《セキュリティーズ》　住宅ローン担保証券）を組み立て直したファンド（投資信託）などもそうである。

実は、日本のバクチ打ちのような人種が、危険な投資商品（中国では理財《りざい》商品と言う）を買っているのである。彼らの口癖は、「俺は年率５％や７％しか付かないような金融商品は買わないよ。最低でも20％の利益（うまみ）が出ないと」と、嘯《うそぶ》いている。

そして、ここに仕掛けがあって、株の暴落で株式への転換価格が割れてしまって投資金が一瞬で消えてしまうように初めからうまく出来ている。本当に「とても有り得ないような一瞬の暴落」が定期的に起きるのだ。これが今、中国で起きている恒大集団の仕組みである。本社の前まで押しかけて泣き叫んでいる投資家たちというのは、このボロクズ社債を買った人たちである。ただの「金返せ」の人たちではない。警察がその周りから取り締まりをやっている。

彼らは年率70〜80％ものボロ儲けを求めて、危険だと分かっていて、、、、、いる社債（理財商品）を分かって買った、欲の皮が突っ張った者たちだ。そんな者たちを救済する必要などない。だから中国政府は、簡単には恒大集団を救済しない。政府のお金（公的資金）を突っ込んで助けない。経営陣と株主と債権者およびステイク・ホルダー（利害関係人と言う）を救済しない。これはきわめて健全な考え方である。

今の中国共産党は、アメリカや日本やヨーロッパのような、糖尿病の甘え切った資本家（キャピタリスト）や企業経営者たちとは違う。「最後は国が助けてくれるサ」はない。中国のほうがよっぽど資本主義の原理に従って行動している。

ただし、恒大に続いて他の大手不動産業（P57に一覧表）に連鎖倒産の危機が起きたら、習近平政権は即座に統制に入って、上海の株式市場を1週間閉鎖（取引停止）とかにするだろう。中国はそれぐらいの荒療治が出来る。どうも各省（地方）の共産党幹部たちの汚職と腐敗がヒドいようだ。〝土地備蓄〟と言って、不動産業者に用地を切り売りして巨額の裏金（リベート）を取っている。

日本経済新聞に最新の記事が出た。

「バランスシート不況の足音　中国恒大危機、米に波及も」

（冒頭略）

「恒大の状況は中国固有の問題」。米連邦準備理事会（FRB）のパウエル議長は9月22日の米連邦公開市場委員会（FOMC）後の記者会見でこう語り、米経済への影響を否定した。たしかに米国の低格付け（ハイイールド）債市場はいまのところ落ち着いている。だが、SMBC日興証券の村木正雄氏は「将来、中国経済の失速が世界経済を減速させ、米国の社債市場《ボンド・マーケット》でrun《ラン》（取り付け）が発生するリスクは排除できない」と話す。

米国では中国の理財商品と同様、個人に人気が高く、性質も似た（高利回りの）クレジット投資信託が急拡大している。こうした投信は、流動性の低い社債やローンなどで運用しており、社債やローンなどの保有残高は、20年末時点で約3兆6000億ドル（400兆円）と過去20年で8・6倍に膨らんだ。米国企業（金融を含む）の債務に占めるクレジット投信への依存度は、08年の5％から20年は20％超に上昇した。

一方、こうした投信はほとんどが換金自由をうたっているため、（解約指定日に）解約が殺到すると社債やローンの投げ売りが発生しやすい。村木氏によれば「米社債市場では、15年12月など過去6年で3回、投げ売りが発生し、そのたびに日経平均株価は20～30％急落した。きっかけはいずれも中国や米国の景気懸念だ」。

90年代の日本は、銀行主導経済から市場型経済（引用者注。企業が直接、市場から資金を調達する。直接金融）への移行に伴う企業再編の過程で政策判断を誤り、バランスシート不況に陥った。現在の中国も官と銀行が管理する「護送船団方式」からの離脱や政策ミスのリスクといった似通った条件がそろう。

国際決済銀行（ＢＩＳ《ビーアイエス》）のデータによれば、日本では住宅価格の最高値からの下落率が15％を超えた97年10～12月期に、北海道拓殖《たくしょく》銀行や山一《やまいち》証券が破綻。金融危機が深まった。中国に加え、米国の住宅価格の高騰ぶりも気になる。恒大問題を端緒としたリスクシナリオの有効期限は10年単位に及ぶことを覚悟する必要がある。

（日本経済新聞　２０２１年10月5日　編集委員　永井洋一
振り仮名と注記は引用者）

この優れた記事にあるとおり、中国恒大集団という大手デベロッパー（高層ビルの部屋と、一戸建て高級住宅の販売業者）の破綻危機が起きている。すでにこの会社が発行した大量の社債（コーポレット・ボンド）の利払い日が迫っていて、日本円で30億円、50億円ぐらいの支払い期限日（デュー・デイト）が次々に来ている。

この利払い分の支払いが滞《とどこお》りがちで、香港市場に上場しているこの会社の株式が、9月30日の寄り付きから暴落して一時、売買停止になった。

「中国恒大と不動産管理部門、香港市場で取引停止―理由は不明」

中国不動産大手、中国恒大集団の株式売買が10月4日、不動産管理部門の恒大物業と共に上場先の香港市場で停止された。恒大は流動性危機の深刻化への対応を進めている。

香港取引所への4日午前の届け出では、売買停止の理由が示されなかった。新エネルギー車（NEV）部門、中国恒大新能源汽車集団の香港上場株は同日も売買されており、6%安で取引が始まった。中国恒大の時価総額は391億香港ドル（約5580億円）。恒大物業の時価総額は554億香港ドル。

（ブルームバーグ　２０２１年10月４日）

株価はすでに今年の初め（最高値）から90％下落している（3香港ドル。40円）。債務不履行（デフォールト）に陥《おちい》る寸前まで来ている。もし経営破綻して、さらに事業継続が困難になって破産法（バンクラプシー・アクト　bankruptcy act ）の適用を受けることになったら、負債総額は2兆元（米ドルで３０００億ドル。34兆円）と言われている。

このうちのわずか２００億ドル（２・２兆円）だけが、社債の償還を求める人たちの大損であるはずだ。それなのに、ＮＹが大いに震えあがっているところを見ると、それ以上の爆弾を抱えている。この恒大集団の社債を組み込んだ複雑な仕組み債やワラント債が売られているようである。どうやらＮＹ市場に本当の震源地が移ってしまっている。ＮＹの債券市場《ボンド・マーケット》に強烈な打撃が起きそうだ。それが金利の急激な上昇を引き起こしそうである。これが本当に怖いことであり、一部の論者が本気になって、「中国発《はっ》の債券市場崩れから、世界大恐慌へ突入」と警戒し始めているのである。

中国の主な不動産業者の財務状況

企業名	総資産に対する負債比率（前受け金を除く）	自己資本に対する負債比率	現金の短期負債に対する倍率
泰禾集団 タイホット・グループ	89.0%	438.9%	0.04
嘉凱城集団 カルソン・グループ	85.9%	167.8%	0.03
中天金融集団 ジョンティエン・フィナンシャル・グループ	85.3%	183.8%	0.16
四川藍光発展 スーチュアン・ラングアン・デベロップメント	84.0%	227.8%	0.28
華夏幸福基業 チャイナ・フォーチュン・ランド・デベロップメント	78.3%	208.6%	0.13
京投発展 メトロ・ランド	77.9%	224.1%	0.53
広州富力地産 グァンジョウ・アールアンドエフ・プロパティーズ	74.9%	123.5%	0.55
格力地産 グリー・リアル・エステート	71.6%	170.1%	0.27
緑地控股 グリーンランド・ホールディングス・グループ	82.8%	120.0%	1.34
中国恒大集団 エバーグランデ・グループ	81.0%	99.8%	0.67
三盛控股 サンション・ホールディングス	77.6%	116.0%	1.73
珠海華発実業 ズーハイ・ホワファー・インダストリアル	75.3%	118.8%	1.84

(注)2021年6月末時点。▒は中国人民銀行が求める水準を満たしていない。
貝殻研究院の資料をもとに整理　出所：日本経済新聞　2021年9月23日

ところが、これらの基準と政府規制をすり抜けるために、簿《ぼ》外《がい》(オフ・ブック)で負《ふ》債《さい》(借入金)を抱えている。

■膨張した社債が爆発する

私もこの危険はすでに起きていると思う。しかし先ほどの記事にあったとおり、パウエル議長は「恒大集団の破綻危機の状況は、中国固有の問題である（アメリカに直接波及することはない）」と発言した。FRBとしては、緩和の継続に支障を来《きた》すほどだとは考えていない。

だから、大きく喧伝《けんでん》されている、建設途中で止まっている物件（P47の写真）の入居予定者たちへの引き渡しのトラブルではないのである。これらはおそらく、中国政府が管理している不動産業者たちの指定入金口座から資金を作り出して、これらの入居予定者たちにちゃんと部屋を引き渡すことはするだろう。入居できるのが1年先とかに延びる。他の建設会社やデベロッパーに仕事を譲り渡せばできることである。

前にも書いたが、恒大問題で本当に恐ろしいのは、記事にあるとおり「解約が殺到すると社債やローンの投げ売りが発生しやすい」ことだ。社債が複雑に膨張しているものだから、それが爆発する。「私の投資元金《がんきん》（社債を買ったときの）だけでいいから返してください」と泣き叫んでいる善良な投資家たちが、ワイワイ恒大の本社前に集まっているのではない。

社債（コーポレット・ボンド）こそは現代資本主義の宿痾《しゆくあ》、諸悪の根源になりつつある。今ではただ単に企業が発行する資金調達のための借金証書ではない。これらは、きわめて複雑な仕組み債になって、何百倍にも膨《ふく》らんでNYや香港で売られている。強欲人間たちが、社債の券面（フェイス・バリュー）に書いてある「年率6・4％の利回りをお支払いします」という金額のままで流通しているのではない。欲ボケの香港人や台湾人や中国系アメリカ人たちが泣き叫ぶときには、年率70～80％に吊り上がってしまった、裏書き（エンドースメント）する形で転々《てんてん》流通して新しい債券証書になったものを買っているからだ。

この記事の中で「社債やローンの投げ売り」と書いてあるが、ただの住宅ローンそのものの解約（投げ捨て）ではない。一体、誰が投げ売りをするのか。恒大集団の物件を買って住宅ローンを組んだ真面目なサラリーマンが、自分のローンを他の人に投げ売りすることはできない。

このローンとは、まさしくリーマン・ショックのときに騒がれたRMBS（レジデンシャル・モーゲッジ・バックト・セキュリティーズ）のことである。これらの住宅ローン債権の2000個、3000個を銀行が束《たば》にして、別個に新しい金融商品、すなわちCD《シーディー》O《オウ》（コラテライズド・デット・オブリゲイション）に組成《そせい》（コンポジット）した、中国で言うなら理財商品である。恒大集団の部屋を買った者たちが嫌気がさして、中国全土でこの先いいことはないと思って、恒大の部屋に入る権利（と住宅ローン）を売り払って、別に移った人たちの分も入っている。だから、これらのRMBSあるいはCDOと呼ばれる仕組み債を売り買いしている金融市場で、暴落がすでに始まっていることを示している。仕組み債（債券）の話をしだすときりがないのでやめる。

■悪魔の投資証券

私は今から13年前のリーマン・ショック（2008年9月15日に発生した）を予言して当てた人間だ。知っている人は知っている。あのときに『ドル覇権の崩壊』（徳間書店）と『恐慌前夜』（祥伝社）を書いた張本人である。今からでも探し出して読んでほしい。これらの本で私は、RMBSやCDO、さらに質《たち》の悪いCDS《シーディーエス》（クレジット・デフォールト・スワップ）という、首吊り自殺で死にかかっている人の足をさらに下から引っ張るような、保険商品のふりをした悪魔の投資証券のことを書いて説明した。それと同じことがまた起きている。だから、今度は中国の不動産市場が過熱してものすごい値上がりをしているので、そこに手を出してヘンな金融商品を売り買いして、リーマン・ショックと同じことが起きるのではないか、と極悪人のアメリカの大富豪の投資家どもが心配している。

だが中国政府は動じない。国内の不動産市場や株式市場をガチっと抑え込んで騒ぎを鎮《しず》めるだろう。中国の国家体制は甘くない。中国政府（共産党の政府）は、社債やそれを複雑に組み立てなおした債券市場で生じる大きな損害は、それに投資した強欲人間たちに責任を取らせるという考え方をする。すべてを国が救済するために「公的資金を投入する」という甘えた考え方をしない。

それが米、欧、日と中国の違いだ。今の中国人は頭がいい。とくに指導者層が頭がいい。私は贔屓《ひいき》の引き倒しで中国の肩を持っているのではない。1998年からの日本の大銀行連鎖倒産事件（長銀《ちょうぎん》など）で、日本政府は合計で60兆円の公的資金（本当は日銀の資金）を投入して、破綻した銀行たちの不良債権を尻拭《しりぬぐ》いして肩代わりした。このとき小《お》渕恵三《ぶちけいぞう》首相は、「俺は100兆円の借金王だー」とうめき声を上げて脳出血（脳梗塞《こうそく》）を起こして死んだ（2000年5月14日）。今から考えれば、たったの100兆円だった。今なら1000兆円だろう。

そして、この日本政府がやった国家資金の投入をアメリカが嘲笑《あざわら》った。「資本主義国では、民間企業が起こした経営危機による負債（不良債権。大借金）を国が助けるようなことをしてはいけない」と嘲笑《ちょうしょう》した。その代表がポール・クルーグマンMIT教授だ。今もアメリカ経済学界の代表で大御所である。ところが、その8年後にNYでリーマン・ショックが起きた。慌てふためいたアメリカ政府（米財務省、ヘンリー・ポールソン長官）が、日本とまったく同じことをやって、国家資金を投入して一気にすべてのアメリカの銀行を救済した。

このとき使った資金は、表面上は政府が発表した2兆ドル（200兆円）だが、そんな端金《はしたがね》で済んだわけがない。本当はその10倍の20兆ドル（2000兆円）を出したのだ。このとき抱えた国家すなわち公的部門の負債が、毒が体に回るように政府に回った。これが今のアメリカのジャブジャブ・マネー（QE《キューイー》）の始まりだった。アメリカ帝国は、このようにして裏に隠した大借金を抱え込んだまま、歴史的な自滅、衰退への道を歩んでいる。

94年前の日本で起きた取り付け騒ぎ

東京中野銀行で。　写真：朝日新聞社／時事通信フォト

長銀

日債銀

1927年（昭和2年）3月、片岡直温《かたおかなおはる》大蔵大臣が「東京渡辺銀行が破綻しました」と発言して、取り付け騒ぎが起きた。預金者たちがお金を引き下ろそうと、写真のように銀行に殺到した。「昭和金融恐慌」である。

それから71年後の1998年（平成10年）には長銀（日本長期信用銀行）と日債銀（日本債券信用銀行）が経営破綻して国有化された。このときも実は取り付け騒ぎが起きていた。日銀が現金の束を10トントラックで長銀と日債銀に裏から運び込んだ。

今度は「債券取り付け騒ぎ」が起きる

前述したP53の記事の中に、「米国の社債市場でrun《ラン》（取り付け）が発生するリスクは排除できない」と書いてある。ほら、まさにこのとおりだ。ここに書いてある「run、取り付け（騒ぎ）」とは、経済学の歴史的な用語として、銀行の前に預金者がワッと詰めかけて、銀行のドアをガンガン叩きながら「私の預金を全額引き下ろさせなさい」と泣きわめく行動である。日本でも昭和2年（1927年）の金融恐慌のときに、この「銀行取り付け騒ぎ」が起きた。英語では、bank running《バンクランニング》とかbank-run《バンクラン》と言う。欧米社会でも、歴史の節目《ふしめ》のところでこれがいつも起きていた。

ところが現在は、銀行に国民が押しかけて大騒ぎするのは政府にとってものすごく恥ずかしくて嫌なことだ。だから、絶対に起こさせないように工夫している。だが本当は、長銀（日本長期信用銀行）と日債銀（日本債券信用銀行）が潰れたときには取り付けが起きていて、こそこそと裏口から預金者を入れて、全額の引き下ろしや利付《りつき》銀行債（ワリチョーやワリサイ、ワリコー）の償還に応じていた。その資金は、日銀から破綻した銀行に10トントラックで現金の束で持ち込まれた。現在も日本政府と日銀はこの事態に備えて対策を立てている。

だから銀行取り付けは起きにくくなっている。その代わりに、なんと「債券取り付け騒ぎ」が起きる。今度は大企業を相手に、これが世界各国で起きることがはっきりしたのである。これを英語で bond running ボンド・ラニングと言うかは、私もまだ分からない。

このようにして、今や株式や銀行預金などよりも、債券市場の信用崩壊が一番重要な問題になっている。私は5年前から「株よりも債券崩れのほうが恐ろしいのだ」と自分の本で書いてきた。しかし、この考えはなかなか理解してもらえなかった。ところが、このように中国の不動産業の信用不安から始まった現象を見ていると、債券崩れの恐ろしさが世界にひたひたと起きていることが分かる。

自分が投資した会社が潰れそうになって、青ざめて泣き叫んでも、それは投資した本人の責任である。だから企業の経営陣と大株主、一般の株主たち、企業の債券（コーポレット・ボンド）を買った人たちが責任を負うべきだ。簡単に政府が助けてはいけない。大きなリスクを覚悟でバクチを張ったのは、その人たちの責任だ。よっぽど中国のほうが、今は資本主義国（キャピタリスト・ステイト）になっている。

例えばこれをもっと大きな国家次元で考えると、2013年に、すでにリーマン・ショック(2008年)のあとだが、ヨーロッパで金融危機が起きた。その引き金はギリシア政府が引いた。ギリシア政府は裏で抱えていた借金を内緒にして隠していた。国家財政の帳簿そのもので嘘をついていた。それを前首相が自《みずか》らばらしてしまって、大騒ぎになった。

ギリシア政府発行のギリシア国債(ナショナル・ボンド。国家借金証書)を、高利回りだから、しめしめと思って買っていた者たちがたくさんいた。ドイツ政府やスペイン政府、イタリア政府までギリシア国債を買い込んでいた。なぜなら年率15%もの高率の金融商品だったからだ。他の国の国債は、よくて3%ぐらいしか利回り(イールド)が付かない。政府も資金を運用して、出来るだけ金儲けをする。

それでギリシア国債危機として大騒ぎになった。最後はIMFと世界銀行とECB(ヨーロッパ中央銀行)が、ジャブジャブ・マネーを刷ってギリシア政府を救済した。合計で400億ドル(4兆円)ぐらい出して救済した。ドイツの財務長官が、「ギリシアのパルテノン神殿を差し押さえ(seizure《シージャー》)するぞ」と言って騒がれた。あのときでも、さすがにバクチ打ちの、しめしめ組の者たちには半分ぐらいしかギリシア国債の償還はされなかった。

■中国の不動産市場はどうなっているのか

中国恒大集団の場合は、たとえ倒産したとしても建設中の建物は残っている。その高層アパート（タワーレジデンス）を買った者たちは、他の不動産会社が債権を引き受ける形で建物を完成させ、入居させるだろう。さっさと契約を解除して逃げた人たちへの頭金（ダウンペイメント）などの払い戻しもされるだろう。さらには、倒産危機で損害が出た人たちへの損害賠償も行なわれる。そして今から販売が行なわれる物件は、1割あるいは2割引で売られていく。普通、ケチがついて騒ぎになった物件は、注意深い人は買わない。それが健全な人間の警戒心である。そういうことは日本でも同じであるから分かることだ。

恒大集団ぐらいの大きな不動産業者は、中国にたくさんある。P57に載せたとおりだ。それらが潰れてしまったら、他が恒大集団を吸収合併（マージャー・アンド・アクイジション）すればいいのだ。中国全体の高層住宅（タワーレジデンス）の価格が他に伝播《でんぱ》して値下がり傾向になれば、共産党政府としては、景気が冷え込むのを恐れる気持ちがある一方で、あまりに過熱して高額になり過ぎている新築アパートの価格を冷やす目的ではいいことだと思っている。

ここで説明するが、今の上海や北京の普通の労働者（下層のサラリーマンと言っていいだろう）の平均年収は、200万円（1万3000元）である。そしてなんと、売り出し中の高層アパートは、ずばり1億円（700万元）である。広さ（床面積）は100平方メートル（30坪）と決まっている。日本の場合は、それが哀れなことに、7000万円で3分の2の広さ（66平方メートル）しかない。中国のほうが、今では世界基準である。

中国は平均年収が200万円で、1億円の高層アパートにみんなが手を出しているのである。すなわち年収の50倍である。日本の場合は、銀行が融資して住宅ローンを組めるのは年収の5倍までとなっている。これは国家政策としては健全なやり方だ。それでも7000万円の物件を買うには、両方の親から合計2000万円を出してもらって、かつ自己資金の1000万円を合わせてこれを頭金にしなければいけない。それで残り4000万円の住宅ローンを背負うことになる。中国の場合は、北京も上海も四環路《しかんろ》、六環路、八環路と言って中心部に向かうほど高くなり、30億、50億、100億円の物件が平気で売られている。今の日本とは比べ物にならない超《ちょう》高額の不動産価格である。

このことを指して、すぐに「貧富の差が開いている」と言うのは、やめたほうがいい。日本は貧富の差が開くどころか、金持ち階級さえが下に落ちこぼれて貧乏になりつつある。日本の上級サラリーマン層も、どんどん貧乏になっている。もともと貧乏な人たちは、サイゼリヤやすき家のような飲食店を居酒屋に変えてしまって、中年サラリーマンや定年老人たちが一人2000円で酒とご飯を食べている。哀れきわまりない現状である。

私のこの本は、日本で唯一残った金融本のジャンルの本である。私は難しそうな内容を書く元気がなくなってきた。日本経済新聞も週刊東洋経済も週刊ダイヤモンドも、あんまり難しいことばかり書いているんじゃない！　難解で高級な金融や経済の知識など、そんなものは要《い》らないのだ。経済学（者）たちも滅んでしまったではないか。高級なお坊様になって何かお経を書き連ねていれば、自分たちは頭のいい偉い人だと思われたいだけではないか。

■年収の50倍の物件を買う活力

中国は今、不動産市場があまりに過熱して、3億円、5億円になってしまった高級な住宅を一般庶民が下から眺《なが》めるようにして、それでも「まだまだいい暮らしがしたい」と思って必死で這《は》い上がろうとしている。

日本の場合は、這い上がる力もなくなって、何とか企業に勤めてきちんと給料が貰えればそれでいい、という状態になっている。

前述したとおり、中国の労働者の平均年収は200万円と書いたが、10年前は年収たったの15万円（1万元。月給800元）だった。だから10年で13倍になったのだ。その前の10年間で10倍になった。合計で130倍になった。日本は、実は年収がこの10年間で半分になった。昔は平均年収が600万円だった。今は半分の300万円である。

私の書いているこの数字が正しいとか、間違っているとか、グダグダ余計なことを言うな。今の日本は、勤労（労働）世代（18歳から65歳）で年収200万円の人が1000万人いるのだ。中国のことは、私が毎年14年間、中国へ行って自分で調べて、実感で分かっている数字だ。コロナのせいで去年と今年は行けない。すでに日本は衰退国家を通り越して、30年もデフレ不況が続いた落ちこぼれ国家で貧乏国だ。投資用の金儲け本を出版社が出す余裕もなくなった。

今の中国は、年収の50倍もする不動産物件（高層アパート）を買うだけの気合いと活力が国民にある。不動産バブルが弾《はじ》けて、金融システム全体にまで影響を与えるということで心配されてはいる。しかし先ほど書いたとおり、本当の問題は社債（コーポレット・ボンド）なのだ。様々な社債が奇妙な金融商品に変身、変態（メタモルフォース）して巨大なバクチ市場で売り買いされている。このことが問題である。悪いのはNYの金融市場なのだ。

アメリカの金融と経済の崩れは、この社債を含む債券の市場が壊れてしまうことだ。このことが何よりも怖い。株式市場は、その表面の額縁ショーである。きれいに整えられている。株式は何のかんの言っても堅実な金融商品だ。これを使っておかしな動きはできない。日本の信用取引は、実際にお金を入れて買っている株の3倍までしかできない。アメリカの金融バクチ打ちたちが株券を担保にして、10倍、20倍のレバレッジをかけてやっているとしても、それでも株式市場は健全である。株が暴落すれば、担保保証金として差し出している株を取り上げられて売り払われるだけのことだ。追《お》い証《しょう》（追加証拠金。マージン・コール）がかかって、それを積《つ》み増《ま》せなければロスカットされておしまいだ。

ところが、債券（社債）の場合は、考えてみれば企業が限度を知らずに発行する約束手形（約手《やくて》）と同じで、債券市場でそれらが売り買いされていくと、どこまでも傷口を広げることができる。債券の中古品市場で売り買いされると、恐ろしいくらいのバクチ商品に姿を変える。だからファントラやワラント債と同じような、利回りが60％や80％の危険な商品がいくらでも作られるのだ。


この話を国家次元に大きくすると、例えば日銀は日銀ＥＴＦ《イーティーエフ》で株を買っている。これには「日経２２５（銘柄）」という縛《しば》りがある。優良な大企業２２５社だけに資金を投入して、株の値上がり利益を日銀が自分の利益に換えている。このＥＴＦ（上場投資信託。エクスチェンジ・トレイデッド・ファンド　Exchange Traded Fund ）は、株式の引換券になっている債券である。ＥＴＦも債券である。

同じくＧＰＩＦ《ジーピーアイエフ》（年金積立金管理運用独立行政法人）だって、国民年金と厚生年金（サラリーマン向け）の支払いの原資を作るために毎年５兆円ぐらい利益を出さないといけない。そのために政府が日本株の値段を吊り上げているのだ。だから日経平均は３万円になった。年間5兆円の利益を出すために、原資で180兆円を運用している。その半分は米国債とアメリカの株式を買っている。ビッグテック（GAFA《ガーファ》+MS《エムエス》の5社）が、ガンガン値上がりしてくれたので、それでGPIFは儲かって、厚生年金などサラリーマン退職老人たちの年金を払えている。一体このあと、どこまで平均株価を吊り上げるつもりか。

今から13年前のリーマン・ショックのときには、NYの株価は6800ドルにまで落ちた。それが3万5000ドルだから6倍にまで膨大に膨《ふく》らました。それでアメリカ帝国は生き延びた。アメリカの退職老人たちの年金暮らしに、大きな恩恵を与えるために政府は計画的に株価を吊り上げた。このあと、4万ドル、5万ドルまで吊り上げるつもりか。そのためにFRBは金融緩和を続けてジャブジャブ・マネーを出すしかなくなっている。そしてやがて重力崩壊《じゅうりょくほうかい》が起きる。

■実勢の市場金利の上昇が怖い

パウエルFRB議長は来年、任期切れだ。おそらくさらに4年、議長を続けるかどうかまだ分からない。黒田日銀と一緒で、「毒《どく》を食らわば皿《さら》まで」だ。お札をどこまでも刷り続けるしかない。だから前のほうで書いたが、金融引き締め（タカ派路線）などと言うのはウソ八百で、市場や国民、そして世界を騙すために、できもしないことを言っているだけである。彼らは引き締めなどやる気がない。できない。

それでも実勢の市場金利が上がってゆく。それが怖い。すべての市場金利は債券の価格であり、基本となる10年もの米国債の利回りで決まる。これが今、年率1・6％にまで上がってきた。国債も債券である。債券の親玉である。債券市場がおかしくなるのが一番怖い。私がこれまでに書いてきたとおり、アメリカのシェールガス掘削会社など危険なベンチャー企業のジャンク・ボンド（ボロクズ債券）があって、これらの利回りも会社がいつ潰れるか分からないので中古債市場で60％から80％に暴騰している。

たしかに、この危険なボロクズ債券を買えば大儲けができる。しかし、それはその会社の経営が続けばの話だ。危険を覚悟の命がけのバクチとなる。今のところはぎりぎり、下のほうのアンカー（錨《いかり》）である米国債10年ものの利回りが1・6％である。しかし、これが2％とか2・5％になると、本当にアメリカ経済は危機に陥る。なぜなら安い資金を借りて、高い危険な債券を買ってその差額で運用して利益を出している連中だからだ。彼らはすでに薄氷《はくひょう》を踏む思いでバクチを打っている。

彼らはぎりぎりまで、借金をプライム・ブローカーと呼ばれる資金の出し手から借りている。もし債券市場が、このあとわずかでも急激に上がると、株の暴落と同じことで、マージン・コール（追い証）がかかる。この追い証は、追加のために必要な保証金である。それをさらに積み増せという債権者（資金の出し手）からの要求である。この追加の担保（の差し出し）を払えなければ、ロスカットを起こされて、取引（建玉《たてぎょく》）全体を奪い取られてしまう。これが金融市場全体に波及すれば、NYで債券市場の暴落が起きる。

だからパウエル議長としては、今のうちにほんのわずかでも引き締めに転じて、手負い狼たちの跳梁跋扈《ちょうりょうばっこ》を許さないで、あまりにもおかしな、ぎりぎりまで膨らました金融投機をやめさせなければいけない。そのために、政策金利（中央銀行が動かせる。舵取りの金利。1年もの以下の短期金利）を〝ゼロ金利〟から脱出してせめて0・5％でも引き上げて、中央銀行が持つ舵取り能力を発揮しなければいけないのだ。

今の0・25％は実質ゼロ金利だ。債券市場での手数料分だ。日本はマイナス0・01％で、ゼロ金利を通り越してマイナス金利である。これにも取引手数料がさらに0・25％かかっている。だからマイナス金利のまま続いている。ECBも同じようなもので、マイナス金利に沈んでいる。これはあくまで短期金利の話だ。だから民間銀行たちが日銀の当座預金口座に資金を残していると、それに金利（付利《ふり》）が付く。

中央銀行に残された唯一の舵取り方法は、この政策金利だけだ。これで、あまりにも膨大に増えているお札の量と仕組み債化したモンスター債券の量を規制して、操縦しなければいけない。国家が持つ最後の操縦桿《そうじゅうかん》としての金利（短期金利）決定能力を行使しなければいけないのである。ところが、それができない。

Ｐ42の記事にあるとおり、「引き締めに転じる。これを11月からやる」と言うが、ウソである。最後の3行で「政策金利の誘導目標を0～0・25％に据え置いた。量的緩和政策も継続する」とパウエルは言った。つまり来年も再来年も引き締めなどできない。彼らは大ウソつきだ。こういうことを平気で記事にして書いている記者たちもグルだ。テイパリングなどできない。このことを書く金融の専門家が誰一人いない。そんなのは新聞広報であってウソだと書く人がいない。

■ＭＭＴ理論はベイシック・インカムと同じこと

政府（財務省）と中銀《ちゅうぎん》（ＦＲＢ、日銀、ＥＣＢ）の両方がグルで、自分たちの能力が限界に達しているものだから、ジャブジャブを続けるしか他に手がない。それを補強するために貧乏人からの「金《かね》よこせ理論、金配れ理論」であるMMT《エムエムティ》理論がアメリカで出現した。MMTとは「モダン・マネタリー・セオリー」Modern Monetary Theory と言って、会計帳簿の考え方から来ているくだらない理論だ。突き詰めて言えば、ベイシック・インカム basic income と同じである。貧乏国民全員に、毎月10万円、1000ドル（11万円）、1000ユーロ（12万円）ずつ配れという理論だ。

MMTから見たら、政府（国家）はどこまでも借金を抱えていいという理屈になる。それは会計帳簿の理論から、先進国（金持ち国）の場合は、財政赤字の大部分を自国民が負担して引き受けているのだから、いくら借金をしてもいいという理屈である。自国民と言ったって、それは銀行や金持ちたちのことだ。銀行と金持ちが国債を買って財政を支えているから大丈夫という理屈である。国家は永遠に破産しない。国家は税金を払う必要がない、徴収する側だ。いくらでも税金（消費税）を上げることが出来る、と嘯《うそぶ》いている。MMT理論自体が破産（破綻）している。

だから先進国は、為替で自国の通貨を暴落させないようにしている。米ドルと欧州ユーロと日本円は秘密協定があって、動かさない（1ドル＝110円。1ユーロ＝130円・

1ユーロ＝1・1ドル）。これで世界体制を維持している。だからどこまでも国債を発行してジャブジャブとお札を刷る。

どうせ国家は貧乏国民を食わせるしかないのだという理論から来ている。だから日本のベイシック・インカムは、福祉に頼って生きている人、すなわち生活保護者層という最低貧乏者層がもらうお金と、国民基礎年金と呼ばれる1人月額7万円（夫婦で14万円）の最低、最低限のお金とが、ついに等しくなってしまった。もはやどん底のぎりぎりまで来てしまった。国家財政が貧困層を助けるというキレイごとを言えなくなっている。年金を徴収している以上のお金を国家は出せなくなった。それをGPIFで運用しています、などはそのうち大赤字で大損を出す。

もっとはっきり言えば、税金で取り立てる毎年の60兆円は、公務員の給料、防衛費、アメリカに貢《みつ》ぐ金でアップアップだ。これが「プライマリー・バランス」の正体である。ここには国民に配る福祉の金は入っていない。表面の国家予算は110兆円だが、その半分の60兆円は公務員や国家体制を守るための、藩主の大名《だいみょう》から見たときのお城の維持費である。領民《りょうみん》（百姓）のことなんか知ったことではない。

だから国民を飢え死にさせないだけの、ぎりぎりのところまでさらにデフレ経済が続く。今ではコンビニ弁当ですら高くて買えない人たちが、スーパーの売れ残りを、安売りする時間に来て買いあさっている。肉、魚などの生ものの食品は、腐る前に劣化《れっか》してしまうので、昼間の値段の50％引きでも売りつくすしかない。それに群がる貧乏な国民層がいる。

私も時間があるときは、そういう安売り食品を買う。キレイごとなど言っていられない状況である。そのくせ若い女たちが、1個500円から800円もするような、おいしいバカみたいなスイーツに群がっている（1000円するのもある）。デフレがもっともっと続くのだ。

私のような金融評論や立派そうな政治評論を書いている作家でも、本が売れなくなっているから、年収がガタガタ落ちている。だから30％、50％引きのスーパーの食品を買って堂々と食べている。わざわざ買いに行くほどではないが。

一国の経済として見ると、一方でジャブジャブ・マネーがあり、一方で給料が下がり、お店やサービス業の売り上げが落ちている。私のいる出版業界でも売り上げが100億円（社員100人）だった会社が、20億円（社員30人）にまで落ちている。30年前の、まだバブル景気が残っていたころは、社員1人あたりの会社の売り上げが1億円と言われた。給料を1000万円やるから、その代わり1億円稼げ。と言われた。ただし、お茶くみのような若い女の子たちも常にいた（年収300万円）。その分は会社があぶく銭で出した。それが今は全部消えてなくなった。今、出版業界の売り上げは社員1人あたり5000万円にまで減っている。お茶くみはいなくなった。

これは出版業界だけではなく、この「社員1人売り上げ1億円」はどこの業界でも通用していた。ただし正社員の場合である。長期間のアルバイトや嘱託社員を考えないで出ていた数字だ。日本全国どんな業界も売り上げ（販売高）がどんどん落ちて悲惨な状況になっている。ところが、そういうことを正直に分かりやすく書く人がいない。みんな気取り屋で、ええかっこしいだから、本当のことを書かない。

■金融商品は滅んだ

株価の動きは、デパートのショウ・ウインドウに飾られた見せかけのきれいな品々のことである。だから額縁ショーだ。本当の売り上げは、外商《がいしょう》のような部署が、6割引とかでまとめて販売して出している。どこも激しい値引き商売で成り立っている。それと同じことが、金融場面では債券（ボンド）市場で起きているのだ。

だから金利というのは、債券の値段のことを言うのだ。あらゆる金融商品は金利で計られ、値崩れを起こせばどこまでも落ちる。そうすると利回り（利率）は激しく跳ね上がる。だから年率20％どころか60％、80％の金利商品（債券。中国では理財《りざい》商品）が出現する。

中古市場で激しく売り買いされる債券の仕組みを、みんなが気づいていない。歴史的には約束手形を銀行に持ち込むと割引（ディスカウント）して、銀行が利息分を前取りして、例えば額面が５００万円で６カ月先日付であれば、50万円分を割引料として銀行が取って４５０万円を渡す。これがまさしく債券の仕組みだ。

30年前までなら、このオフィシャル・ディスカウント・レイト（公的割引率）が２％ぐらいあって、あらゆる金利商品に健全な利益が付いていた。今はすべてがゼロ金利になってしまったから、まともな金融商品は滅んだ。その代表が銀行預金である。すなわちゼロ金利だ。金融という仕組みが滅んだ。資本主義が滅んだ。それでも生活手段としてのお金は滅びない。給料や代金の支払い（決済）と送金、預かり金（お金の保管場所）としての金融の仕組みは滅びない。不思議なものである。

そこでドクダミ草のような、暴利《ぼうり》で蠢《うごめ》く汚れた金利商品（債券）がいろいろと裏側で作られて流通している。

本当の本当は、お札と国家借金証書（国債）をあまりに刷り過ぎたものだから、これで政府の首が回らなくなったのだ。大銀行の連続破綻をこの空虚な金（公的資金）で救済したから、国（政府）に毒が回っている。お金は全部、政府のものである。だから何とでも操作できる。巨額に抱え込んでしまった借金が裏に隠されている。それにも金利がどうしても付く。それが０・１％でも跳ね上がると、恐ろしい額の利払いが待っている。だから政府は金利を上げられない。自分で自分の財布を壊してしまうのである。

■禁止された仮想通貨取引

中国がついに仮想通貨（暗号資産。クリプト・カレンシー）を全面的に禁止した。これはかなり大きなことである。これからの世界の金融システムに対し大きな影響を与える。証拠の新聞記事を載せる。

仮想通貨の時価総額ランキング

順位	仮想通貨名	時価総額
1位	Bitcoin(BTC) ビットコイン	9,104億ドル (全体の7割。100兆円)
2位	Ethereum(ETH) イーサリアム	1,799億ドル
3位	Binance Coin(BNB) バイナンスコイン	347億ドル
4位	Tether(USDT) テザー	347億ドル
5位	Polkadot(DOT) ポルカドット	312億ドル
6位	Cardano(ADA) カルダノ	300億ドル
7位	XRP(XRP) リップル	218億ドル
8位	Litecoin(LTC) ライトコイン	117億ドル
9位	Chainlink(LINK) チェインリンク	105億ドル
10位	Bitcoin Cash(ADA) ビットコインキャッシュ	97億ドル
⋮	⋮	⋮

合計 1兆3,000億ドル(140兆円)

「全面禁止で中国から相次ぎ撤退：報道」

中国では、暗号資産（仮想通貨）取引関連サービスを提供しているプラットフォームの撤退が相次いでいる。中国メディアの8BTCが伝えた。

暗号資産取引所のBitMartは9月28日、「中国（政府）の規制を遵守《じゅんしゅ》し、ユーザー資産を保護するために、11月30日までに中国本土のユーザーのアカウントを停止し、30日以降、すべてのサービス提供を停止する」と発表した。

取引情報プラットフォームのFeixiaohaoも同日、「中国向けのすべてのサービス提供を停止する」と発表した。

暗号資産取引所のBikiは、「28日にすべての入金受付を停止し、ユーザーは出金のみが可能になる」と述べた。「11月30日までに中国国内でのすべての（暗号資産の）業務を停止する。取引所トークンの買い戻しを10月31日まで行う」と。

9月24日、中国人民銀行をはじめとする中国の金融規制当局は、「暗号資産に関連した取引をすべて禁止する。海外に拠点を置く取引所の従業員も捜査対象になる」と警告し、暗号資産情報プロバイダーに対する監視強化を求めた。

中国政府は、本当に9月24日に仮想通貨を全面的に取引禁止にしたのである。ブルームバーグも以下のように報じている。

（コインデスク　2021年9月28日）

「中国規制当局による仮想通貨関連取引禁止、今回は本気か」

9月24日の声明で当局は「中国での仮想通貨取引を禁止し、デジタル資産のマイニング（採掘）を根絶する」と表明した。これまでで最も極端かつ明白なトーンだった。その後間もなく、人気のオフショア取引所、火幣《フオビ》（Ｈｕｏｂｉ）は中国本土の電話番号での新規ユーザー登録を停止。26日の発表資料では、「12月31日までに既存の中国本土のユーザーアカウントを段階的に廃止する」方針を示した。

ＰｗＣの仮想通貨リーダーでパートナーのヘンリ・アルスラニアン氏はツイッターで、「中国は過去に何度も仮想通貨を『禁止』してきた。中国ではあらゆる種類の仮想通貨取引と仮想通貨サービスが禁止された。議論の余地はなく、グレーな部分はない」と付け加えた。

中国人民銀行（中央銀行）は24日、最高人民法院や警察、インターネットや証券の監視機関など9つの機関と共同で通達を出した。「あらゆる方面から法執行措置を講じる。また、市民が火幣などのオフショア取引所でアカウントを維持できた長年の抜け穴をふさぎ、こうしたプラットフォームが中国国内でマーケティングや技術、決済の役割を任せるための採用を行うのを禁止し、中国人向けサービス提供能力を制限する」と通達した。

（ブルームバーグ　2021年9月27日）

このように、中国政府がビットコインやリップルやドージコイン、そしてイーサリアムなどの中国国内での取引を完全に禁止にした。その代わりに中国政府は「デジタル人民元」という電子マネーを世界中に広めるという大きな決断をしたのである。

デジタル人民元は、日本国内に対しては、じわじわとソフトバンク（孫正義《そんまさよし》）の手で浸透している。P178以下で説明する。デジタル人民元がドル覇権（米ドルによる世界支配）を突き崩してゆくことが、これでいよいよはっきりした。

実は、ビットコインの7割を製造していたのが中国国内だった。北京より北のほうの、内モンゴルの砂漠地帯のような場所に巨大な並列型コンピュータの建物をどこまでも並べて、どこかから電力を安く引っ張ってきて「掘って《マイニング》」いたのである。彼ら仮想通貨の鉱山主（miners　マイナー）たちは、必ずしも中国人だけでなく白人たちもたくさんいる。

アメリカへ逃げ出した「鉱山主《マイナー》」たち

これから書くことは本当の秘密情報である。中国政府の全面禁止の決断に感づいた鉱山主たちは、どんどんアメリカのテキサス州に逃げている。このあとテキサス州の岩石砂漠に、ふたたびビットコインを中心にした仮想通貨の製造工場を作るのかと思ったら、できないだろう。それでも一部はテキサス州に作り始めている。今もこれだけの大打撃を受けても、ビットコインの値段は4万9000ドル（540万円）もする。少し前は、4万ドル（440万円）ぐらいまで落ちていた。彼らもなかなか強《したた》かで強気である。

私は少し前の本で書いたが、中国でビットコインなどを作って（掘って）いたのは中国の軍ビジネスで、習近平の言うことを聞かない人民解放軍の裏側の、自分たちのための金儲けをする組織である。マカオのカジノ場に進出している「銀河グループ」（ギャラクシー）も軍人たちのビジネスである。大型リゾート施設（ゴルフ場付き）やホテル業、女優を動かしている映画産業や高級売春婦の組織も軍ビジネスである。中国共産党の言うことを聞かない。

仮想通貨というデジタル・カレンシー digital currency を作るサーバーは、熱が出るから寒いところに作るべきなのだ。こういう巨大コンピュータはものすごい量の電力を食う。中国では旧満州の北の、ロシア国境に近い所でやっていたようだ。イーロン・マスクが5月13日に「仮想通貨は電力を大量に消費する。だから環境に優しくない」と発言した。それを口実、言い訳にして、マスクは「だから我がテスラ社のEVは、ビットコインではもう買えなくする」と言って逃げたのである。

本当は、仮想通貨（暗号資産）の裏側にはペイパル・マフィアであるピーター・ティールがいて、彼が育てた金融市場なのである。中国政府が本気で仮想通貨を潰しに来たから、ここで金融バクチを張っている連中は徐々に退散するだろう。

日本で仮想通貨が騒がれたのは、もう5年前の話だ。私は自分の金融本で「こんなものを買うんじゃない」と書き続けた。だから、まともな人たちは近寄らない。ところが若手の鋭い、金の亡者《もうじゃ》というより猛禽類《もうきんるい》のような激しい連中が、アメリカのコインベースを頂点とする暗号資産取引所とつながって、コインチェックやビットフライヤーやビットバンクなどを経営している。これらは日本の国税庁や金融庁の監視下に置かれているから、下手な動きはできない。今は、仮想通貨から別の仮想通貨に乗り換えて資金を移している場合は「これは売買ではありません。資金の移動です。利益を現金（日本円）に実現していません」という言い方で国税庁、税務署と争っている。彼らにしてみれば、資金の動かし方はどうにでも出来る。

■「バーゼルの塔」とは何か

前述した、中国からビットコインをアメリカのテキサス州に移した連中は、凝縮されたデータを自分の体にくっつけて持ち出すような人たちである。大半は、自分が作った巨大なコンピュータサーバーの工場（建物）をほったらかしにして、アメリカに逃げたはずである。日本にも、このビットコインの鉱山主《マイナー》が今も1割はいる。アメリカに2割いて、これにテキサスに逃げてきた人たちが加わる。チャイニーズ・アメリカン（アメリカ国籍を取得している元中国人）がうごめいているのだろう。

秘密の情報では、インドやブータンにも中国から逃げているようである。シリコン・バレーで先端の半導体開発などをしていたインド人の先端技術者たちが、バンガロールに戻りたいと帰国しつつある。バンガロールというのは、インドで唯一のハイテク技術者たちの大きな中心地（メッカ、聖地）である。デカン高原のど真ん中にあるハイテク都市である。しかしインド人たちは、金融工学の知識や精密な計算能力はあるのだが、モノづくり（monodukuri）の能力がない。インド人は中国製のシャオミ（小米）やオッポ（OPPO）の安い、2万円（200ドル）ぐらいのスマホを買って使っている。アラブ諸国も、アフリカも南米もそうだろう。

なんと中国から逃げ出している鉱山主の一部は、ブータン政府に持ちかけて、暗号資産の製造工場（鉱山《マイン》）を作りたいようである。だがこれらの欲望もむなしく、やがては主要各国の政府が共同して、世界中にはびこっている暗号資産（仮想通貨）の野放し状態の繁《はん》茂《も》を取り締まってゆく。

それに取って代わるのがデジタル人民元だ。だが、これをやられると欧米、そして日本の西側同盟（The《ザ》 West《ウエスト》。自由主義陣営）が困る。だからここで、もう妥協が成立してC《シー》BDC《ビーディーシー》（中央銀行《セントラルバンク》デジタル通貨《カレンシー》）と言い出したのである。

BIS（国際決済銀行）は、ディープ・ステイトの最重要の出先機関だ。本部の建物はスイスのバーゼルにある。私が弟子と翻訳した本（左上）の帯に、その写真を載せた。旧約聖書にある「バベルの塔」（左下）とそっくりである。だからBISの本部は「バーゼルの塔」と恐れられ呼ばれている。

副島隆彦監訳、古村治彦訳『BIS国際決済銀行 隠された歴史』2016年、成甲書房刊

ピーテル・ブリューゲル「バベルの塔」

世界中の銀行を監視下に置くBISの秘密

中国が、「新しい国際会計基準」を電子通貨の決済制度で作ってしまうことを西側同盟は恐れている。「国際会計基準」とは、ＩＡＳ《アイエイエス》 International《インターナショナル》 Accounting《アカウンティング》 Standard《スタンダード》 と言って、これで日本の大銀行たちをこの30年にわたって厳しく痛めつけた。このＩＡＳというのは、とんでもなく裏のある制度で、日本の１９９０年バブルを崩壊させたのも、この制度を使ってのことだ。

　これを握っているのがＢＩＳ《ビーアイエス》（国際決済銀行。Bank《バンク》 for《フォー》 International《インターナショナル》 Settlements《セツルメンツ》）である。このＢＩＳは、世界中の銀行を監視下に置く恐ろしい組織だ。一応、国際機関である。アメリカとヨーロッパの金融貴族たちがここに結集している。黒田東彦も主要メンバーである。ＢＩＳの本部はスイス北西部の端のバーゼルという都市にあるので、「バーゼル・クラブ」と呼ばれる。

　だがその正体は世界を陰から支配するディープ・ステイトの最重要の出先機関だ。バーゼルにあるＢＩＳの建物は塔のような形で、それが旧約聖書にあるバベルの塔にそっくりであることから「バーゼルの塔」と呼ばれている。私は弟子と、このＢＩＳについて名うての独立派の金融ジャーナリストであるアダム・レボー著の本を翻訳して出版した。『ＢＩＳ国際決済銀行　隠された歴史』（副島隆彦監訳、古村治彦《ふるむらはるひこ》訳　２０１６年、成甲書房刊）である。

■世界を飲み込むデジタル人民元

最近騒がれるようになったCBDC《シービーディーシー》は、セントラルバンク（中央銀行）のデジタル・カレンシー（Central Bank Digital Currency）の名のとおり、中銀がデジタル・カレンシー（電子通貨）を自《みずか》ら発行して流通させようという考え方だ。中国政府が唱導した「デジタル人民幣（レンミンビ、別名でデジタルユアン）」が、まさしくそれである。

デジタル人民元は、はっきりと中国人民銀行が発行し管理している電子マネーである。それを他のすべての金融機関とお財布ケータイ、お財布スマホたちにも使用強制する。P178で説明するが、そのためにアリババの馬雲《ばうん》（ジャック・マー）が率いていたアント・グループをアリババ・グループから引きはがし、政府が取った。同じくテンセント（馬化騰《ばかとう》。ポニー・マー会長）の金融部門であるウィーチャットペイ（微信支付《ウェイシンジーフー》）も中国政府の支配下に入れられた。

私は、2年前に弟子たちを連れて深圳《しんせん》、香港に調査に行った。その成果を『全体主義《トータリタリアニズム》の中国がアメリカを打ち倒す』（２０１９年12月、ビジネス社刊）に書いた。そのとき、まだデジタル人民元という言葉は聞かなかったが、もう中国人は誰もお札（紙幣）をまったく使っていないことを知った。お店の支払いで１００元札（１６００円）を出してお釣りをもらおうとしたら、「現金なんかこの1年見たこともない」と言われた。これは香港の北にある深圳という経済特区の、急発展した特別な地区の事例だと考えてはいけない。すでに中国全土で１００人民元札などの穢《きたな》い紙きれ紙幣は消滅しているのである。

今でも1万円札や１００ユーロ紙幣を大事にして使っているのは、日本人とドイツ人らしい。税務署（国家）に対する警戒心を、日本人とドイツ人だけはまだ持っているのである。中国では、おそらくどんな田舎に行ってもスマホ決済でやっている。お互いのスマホとスマホをペタッとくっつけて、50元（８００円）のお金のタクシー代（ウーバーになっている）でも、すべてスマホ決済である。恐るべきデジタル・シェアリングの進展である。

人類が向かってゆくトータリタリアニズム（totalitarianism 全体主義）の進展、人間への侵略が起きているのである。中国だけの話ではない。これからの世界はこのように、中国が最先端で引っ張ってゆく国家主導の社会になる。だからこそディープ・ステイトの重要な一角であるBIS「バーゼルの塔」との闘いを中国はやっているのだ。中国が新しい国際会計基準（IAS）を作ろうとする動きとの激しい鍔迫《つばぜ》り合いをやっている最中《さなか》だ。こういう世界基準での大きなものの見方ができないようでは、日本国内で一流の経済学者や経済記者などと己惚《うぬぼ》れていても仕方がないのだぞ。

■NYでは仮想通貨と恒大問題が同時並行

ここからあとは、ビットコイン他の主要な仮想通貨の現状を日本人に伝えておく。現在、SEC《エスイーシー》（アメリカ証券取引委員会）が、独禁法（反《はん》トラスト法）違反でリップルという4番目に大きな仮想通貨の経営母体（鉱山主たちの集まり）を訴えている。リップルが持っているXRPという機能の性質をめぐって争っている。

リップルとしては、仮想通貨は電子商業取引（エレクトリック・コマース）であって、これ自体は証券（債券）ではない、と主張している。対してアメリカ政府（SEC）は「いや、仮想通貨は金融投資用の証券（セキュリティーズ）である。その取引には20％の税金を払え」と主張して課税する。リップル側は、電子商取引は「スマート・コントラクト」と言って、小切手（バンカーズ・ドラフト）のような決済手段に過ぎないと反論しているが、SECは、仮想通貨は強《し》いて言えば株券と同じような金融資産であると主張する。来年の初めに、その判決が出ることになっている。

この仮想通貨の売買が、P48以下で前述した恒大集団の破綻問題と同時並行で、ここの社債を買って激しい投機商品にしてしまっているニューヨーク市場で過熱している。だから中国の大手不動産業の経営危機に過ぎないのに、ニューヨークが震え上がっているのだ。

このケースは、アメリカの投資家たちから見たら、20年前に起きた「リンカーン・セイビング&ローンズ社」のジャック・エイブラモフ（上院議員だった）の事件を思い出させる。彼も危険なボロクズ債券（ジャンク・ボンド）を売っていた。日本で言えば2008年のリーマン・ショックの前までに、「グロソブ」（グローバル・ソブリン・ボンド）という危険な投資信託（ファンド）を売って、瀬戸内海の島の人たちに一人5000万円とかの損を出させた事件と似ている。エイブラモフ上院議員はインディアン居留区《リザーブ》のインディアンたちを騙して大損させたので、全米で今も有名である。

ここでさらに、ビットコインに次いで大きな取引金額のイーサリアムについて説明しておく。このイーサリアム Ethereum は、どうやら他の仮想通貨と違って、内部に知的財産が組み込まれている。だから信用性の高い仮想通貨である。イーサリアムは、ブループリント（設計図、青焼き）の形でイントリンジック・バリュー（隠された真の価値）を内部に含んでいる。このイーサリアムを画像で映し出すと、ボーッと青焼きの知的財産が浮かび上がるそうだ。

イーサリアムはヴィタリック・ブテリン（27歳）というガキが作ったものなのだが、彼は〝ペイパル・マフィア〟ピーター・ティールの弟子だ。彼はイーサリアムの株で５００0億円（50億ドル）ぐらいの資産家になっている。これが仮想通貨をめぐる世界最先端の現状だ。私がこのように教えておく。日本の金融と経済の記者たちも勉強しなさい。

中国恒大の債券の取り付け騒ぎが、ＮＹに激震を与えている。中国の不動産業界が横並びの破綻劇から、大恐慌突入の兆《きざ》し、予兆になっている。

私はこの金融本のすぐあとに、最新の中国情報を寄せ集める本を書く準備をしている。書名は『ディープ・ステイトとの血みどろの戦いを勝ち抜く中国』（ビジネス社、12月刊）である。前述したが、株というのは額縁ショーと同じで、着飾った一流モデルたちの上品な見本市のようなものだ。その裏側に本当の穢い金融の世界がある。そこでは女たち（各種の債券）が売り買いされている。副島隆彦は本当のことを書いて教える。真に賢いのは私の読者だ。私はこう断言してはばからない。

3章

コロナ対策経済の〝副反応〟

■新たな大不況の突入点

これから先、金融と経済の動きは、あと少しコロナウイルスと、そこから拡張されたワクチン接種の問題になっている。

コロナ問題は、ワクチン問題に変化、変態することで、さらに奇妙な様相を呈した。ワクチンを打った人は、自分はもうコロナウイルスに感染しないと思っている。ところが、ワクチンを打っても、それでも感染する人たちが出ている。「3回目、4回目も打ちなさい」と言われて、人々は、さすがにイヤがり始めた。ワクチン接種をして高熱が出て気分が悪くなり、さらにワクチン接種をした人自体が、新たに感染者を増やしてしまう仕組みになっている。本当に恐ろしいことである。P144以下で説明する。

だから本書の書名である「コロナ対策経済」が混乱を引き起こし、ワクチン接種によってさらに増幅（パワーアップ）されて、新たな大不況、大恐慌への入口、突入点になってしまった。

ニューヨークの金融市場、とりわけ株式市場は高値を続けていた。しかし、どうやら9

株価は下落トレンド（潮流）に入った
（直近1カ月の推移）

（ドル）
NYダウ
35,500
35,000
34,500
34,000
33,500
2021年9月21日
33,919ドル
2021年9月30日
33,843ドル
2021年9月20日
33,970ドル
614ドル下げ
（終値）
9/13
9/20
9/27
10/4

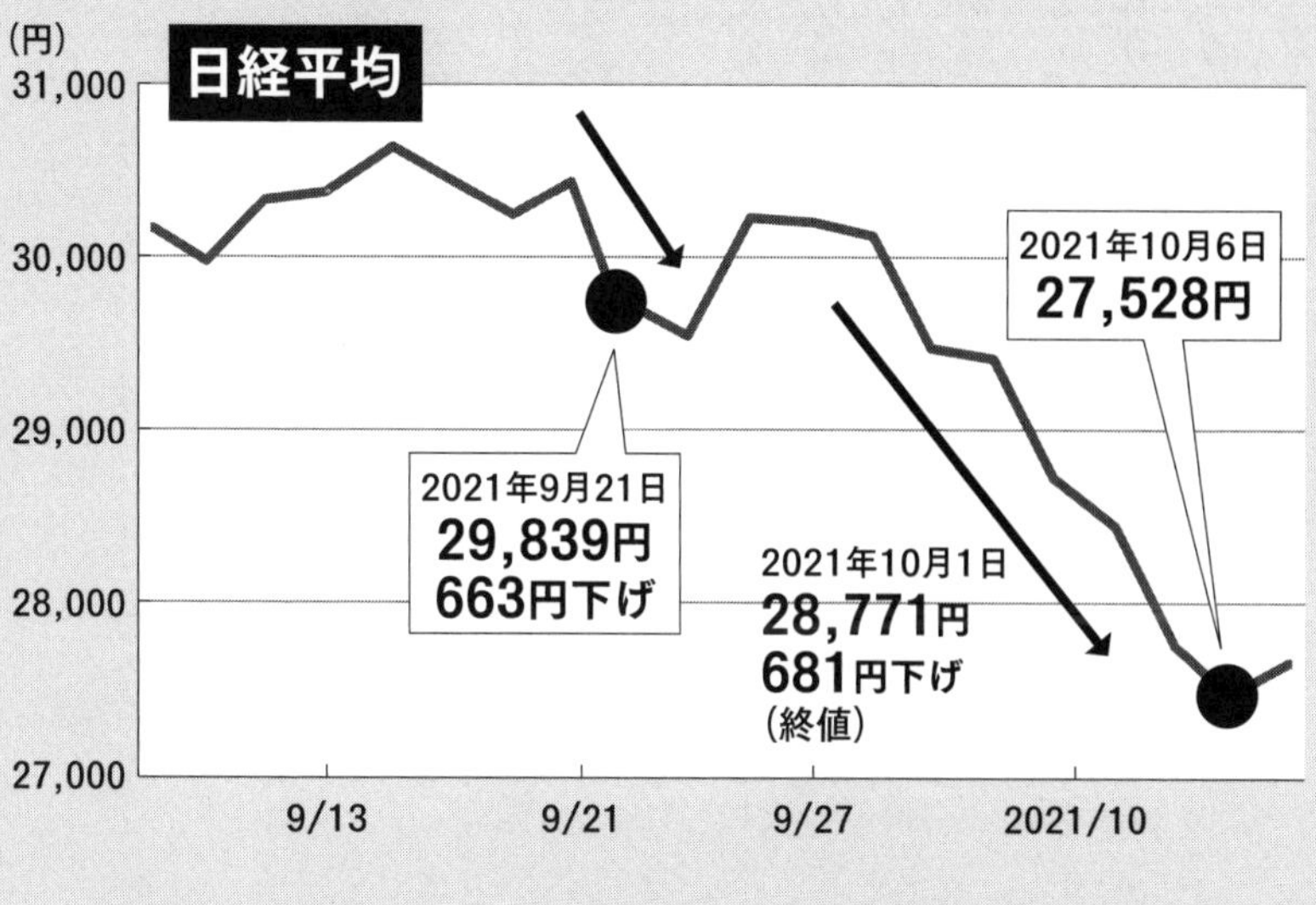

（円）
日経平均
31,000
30,000
29,000
28,000
27,000
2021年10月6日
27,528円
2021年9月21日
29,839円
663円下げ
2021年10月1日
28,771円
681円下げ
（終値）
9/13
9/21
9/27
2021/10

月20日（月）のＮＹ《ニューヨーク》ダウの暴落で、仕組まれた「バブル株高」は終わりになったようだ。９月20日の下落は一時９７０ドル。終値は６１４ドル下げ（前週末の３万４５８４ドルから）となった（Ｐ101のグラフ参照）。私が予測、予言してきた『目の前に迫り来る大暴落』（２０２１年７月、徳間書店刊）の書名のとおりである。

この日を限りに、世界中の株価は落下、下降、下落トレンド（潮流、趨勢《すうせい》）に入った。もうこの動きは変わらない。今回の株価暴落が「中国の恒大集団（不動産業）の破綻危機から始まった」（後述する）と、中国の所為《せい》にするのもいつもの手口である。

今回のＮＹの株価の暴落は、７月12日に付けた「３万５０００ドル超え」からの反動である。ＮＹダウが７月に３万５０００ドルを超えてから２カ月後に暴落が始まった。**ピークの株価は8月16日の3万5631ドルである。**これが史上最高値である。よくもまあ、ここまで無理やり粉飾《ふんしょく》（ドレッシング）で吊り上げたものだ。「コロナ対策バブル」の緩和マネー（コロナ・マネー）をてこ（ブースター）にしてここまでやってきた。

それでは、このあとＮＹ株はどこまで落ちるか。目先の予想では、20％下落と言われている。ということは３５０００×０・８＝２８０００で、２万８０００ドルぐらいまで落ちるだろう。

NYの動きにつられて、日本の株式市場も下落トレンドに入った。「9月3日、菅義偉《すがよしひで》首相の退陣表明（自民党総裁選に出ない）」の日に、急上昇して3万円台に上がった。そのあとも3万円の攻防を続けて、高値を続けていた。少しくらい落ちても、またすぐに戻した。10月15日現在、NYダウは3万5294ドル、日経平均は2万9068円だ。P19に掲げたグラフのとおりである。

8月20日には、日経平均は安値で2万7000円割れの2万6954円を付けている。国民はもう、コロナ不景気にうんざりしていた。そこへ「菅辞任」の突然の仕組まれた株高である。これも怪しい動きだ、と察知し思わなければ、株投資などやめたほうがいい。このあと暴落が来る、と鋭く予知しないといけない。

日本株がNY株と連れ高をして、どんどん上がり出したのは、まさしく2020年3月のコロナウイルスによるパンデミックの騒動が勃発《ぼっぱつ》したときからだ。コロナウイルスの拡散は、「中国の武漢発《ぶかんはつ》」ということになっていたので、アメリカより日本のほうが先にコロナ騒ぎが来た。2月3日に奇妙な豪華客船《ライナー》「ダイヤモンド・プリンセス号」が、横浜の大黒埠頭《だいこく》に接岸したときからだ。この船に、香港人の感染者がいる、と初めから分かっていた。

厚労省は、初めは「日本国の港に入港するな、停泊するな」と拒否していた。しかし航海法と国際法の条文にある「緊急時には、救助を求めて上陸できる」規定に従って、無理やり入港して来た。厚労省の疫病・検疫（quarantine《クアランティーン》）係官たちが対応した。日本政府の中の真に優れた専門家たちは、「日本は狙われている」と直感で分かったはずだ。これで案《あん》の定《じょう》、日本国内は大騒ぎになった。

NYダウが上昇してきたのは、アメリカ政府が金融緩和（ジャブジャブ・マネー）を続けてきたからだ。**この別名は「コロナバブル経済」あるいは「コロナ対策経済」である。**アメリカ政府およびジェローム・パウエル議長率いるFRBが、政策金利（短期金利）をゼロ金利のままの状態で続け、かつ緩和マネー（コロナ・マネー）を放出するからである。コロナ対策費やコロナ給付金の形で、アメリカ政府は8月11日にさらに1兆ドル（110兆円）の追加を決めた。この後、さらに2兆ドル（220兆円）の景気対策費が予定されている。

そうするとアメリカは、去年（2020年）2月に始めてから現在までで、コロナ対策

不思議なことに、このたった1枚の発表しかない

日本のコロナ対策費と財源(2020年度)

	財政支出(予算)	事業総額	財源(歳入)
2020.4.7 第1回 (一次補正)	25.6兆円 (医療2兆円、雇用19兆円、予備費1.5兆円など)	117.1兆円	国債25.6兆円 (特例国債=赤字国債23兆円、建設国債2.6兆円)
2020.5.27 第2回 (二次補正)	32兆円 (資金繰り対策12兆円、医療3兆円、予備費10兆円など)	117.1兆円	国債32兆円 (特例国債=赤字国債23兆円、建設国債9兆円)
2020.12.8 第3回 (三次補正)	20.1兆円 (感染拡大防止4.4兆円、ポストコロナ対策11.7兆円、地方交付税交付金4000億円など)	73.6兆円	国債22.5兆円 (前年度の繰越金などで穴埋めして差し引き20.1兆円にした)
合計	78兆円	308兆円	80兆円 (差し引き78兆円)

出所:財務省

この表の「財政支出」が、国が直接出すお金の「真水」である。「真水」は、赤字国債を発行して作り出したお金だ。私は財務省発表の「補正予算・閣議決定」を徹底的に調べた。この「真水」に、民間の金融機関が無担保・無利子で貸し出す融資金を加えて「事業総額」と言う。日本は去年1年間に308兆円もの資金をバラ撒いた。まさしく「コロナ・バブル経済」である。

費が「8兆ドル＋3兆ドル」で11兆ドル。すなわち1200兆円の金融緩和（ジャブジャブ・マネー）を続けているということだ。コロナウイルスの感染拡大がさらに広がっているという、わざとらしい理由づけで、コロナウイルス対策およびワクチン接種で「コロナ対策バブル経済」が続いている。アメリカ国内では、ゴルフの大会のギャラリーたちも、野球（大リーグ）の試合の球場の観客席も誰もマスクなどしていない。

ジェローム・パウエルFRB議長本人は、「なんとかゼロ金利から脱出したい。ほんのわずかでも政策金利（短期金利）を上げたい」と思っている。しかし、それを言うと自分の首が危ない。同じく、「もうこれ以上の〝ジャブジャブ・マネー〟（コロナ対策費）をやめたい」と思っている。それでも、やめられない。どこまでも行くところまで行くという感じである。

■短期国債、突然増発の謎

日本も同じである。

私たちは、政府からのコロナ給付金やコロナ対策費を、みんなそれぞれの立場に応じて、金額はかなり異なるが、最低限度が一般国民の一人全員10万円を受け取った。私も貰《もら》った。不愉快で仕方がない。こんな端金《はしたがね》で、「お前も、もう仲間だからな」の感じで黙らされた。口止め料、あるいは示談金として受け取った。小さな商店主たちは、お店を閉《し》めていたら、月に180万円（1日あたり6万円）が出た。これを半年間とか、断続的に2年間貰った者たちがいる。その前に、最初にポンと200万円ぐらいを貰っている。自営業の個人事業主たちでも同じような感じであった。こういう事実を誰も書こうとしない。互いに恥ずかしがって隠してしまって、堂々と語る者がいない。だから私が、あとあとの歴史に残すべき真実として、こうして書いている。

これ以外に、事業を営《いとな》んでいる法人（小さな会社）たちは、「金利ゼロ、担保無《な》し。使途《しと》を問わず（すなわち、融資の審査なし）」で、7000万円とかの融資が下《お》りた。融資期間は5年ぐらいらしい。これが、「コロナ対策の経営持続《じぞく》化給付金」である。大企業の場合は、前年に納《おさ》めた税金の分がすべて「コロナ対策」を大義名分として、全額戻し税になったらしい。こういうことを本当に誰かが書いて歴史に残さないといけないのだ。

日本政府は去年の4月から1年半で、P105の表に示したとおり、308兆円のコロナ対策費を出した。補正《ほせい》予算を組んだ「真水《まみず》」の財政支出は、78兆円だと発表した。ところが、今もまだこのうちの30兆円分の使い残しがあるというのである。

日本のコロナ対策費の原資《げんし》（財源）は、日本国債である。日本財務省が、国家借金証書である国債を発行して、お金を集める。表向きは、その国債は民間の金融機関（機関投資家。大銀行、生保、証券）たちが応札《おうさつ》することになっている。

だが、すでに、公然の秘密で知られているように、そのすぐあとに、それらの国債を日銀が金融機関から買い取る。日本国債を、金融機関を「一度、介して」、日銀が買っている。これを国債の直接引受と呼んでも、もう誰も反論する者がいなくなった。

「中央銀行《セントラルバンク》は政府《ガヴアメント》の借金（負債《デット》）を引き受け《アクセプタンス》てはならない」という、ヨーロッパの近代金融システムの発達の中で確立した金言《きんげん》にして〝鉄のルール〟を、自分たち自身で踏みにじって、脱法《だつぽう》（違法スレスレ）している。そのことへの自責《じせき》の念と羞恥心《しゅうちしん》があるものだから、金融の専門家たち（経済学者どもを含む）は、誰も口にしない。「中央銀行からの政府（財務省）への迂回《うかい》融資（ラウンドアバウト・ローン）である」と説明してみても、この迂回理論自身が、経済学と会計学、税法学が作ってきたインチキ理論だから手に負えない。

すべての金融機関（信用金庫まで含む）は、日銀に当座預金口座を開設してある。日銀

短期国債の発行が急激に増えた

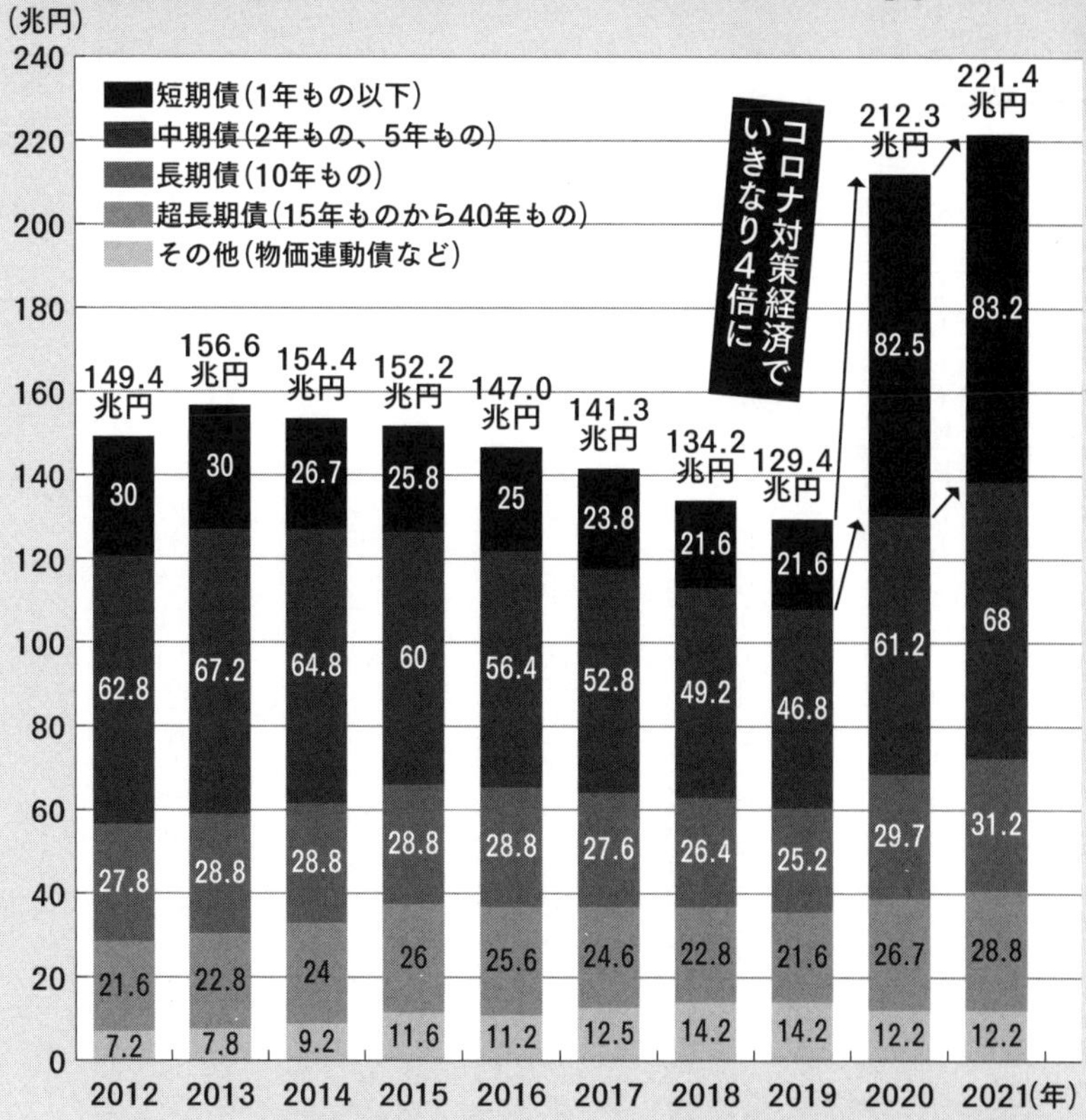

出典：財務省「カレンダーベース市中発行額の推移」から副島が作成

日本国債の短期債(短期もの)には、1年もの、半年もの、3カ月もの、2カ月ものの4種類がある。金利は付かない。その代わり、額面より安い価格で発行されて、満期に額面の金額で償還される。「国庫短期証券」と言う。

このグラフは、単年度(1年間)に定期的に発行する国債の金額(これを「カレンダーベース市中発行額」と言う)である。2020年に突然、短期債の発行額が増えた。これがコロナ対策費である。

はその当座預金口座に、日銀のおすすめ（本当は誘導）で買わせて日銀がまた買った国債の分のお金を振り込む。このお金は引き出して使うことをしない。そのまま当座預金に置いてある。そうすると、なんと、それに日銀が付利《ふり》と言って、年間０・１％のお礼金をくれるのである（基準の額を超えた分にはマイナス０・１％のマイナス金利）。体力のない銀行たちは、この付利《ふり》で生き延びている。日銀は、この付利が０・４％、０・６％に上昇してゆくのが、ものすごくイヤなのだ。民間銀行たちに払うこの付利の合計が年間3兆円とかになると、日銀の黒字決算がなくなる。だから、ゼロ金利（マイナス金利）をやめられないのだ。これらの計算は、電子決済だから、コンピュータ上の伝票操作で簡単に行なっている。

２０２０年3月からのコロナ騒ぎで、**この国債の入札《にゅうさつ》状況に異変が起きた。**Ｐ109のグラフでそのことが分かる。財務省が入札をかける（売り出す）国債のうち、1年もの以下の半年もの、3カ月ものとかの短期債が突然、増えたのである。1年以内に満期（償還《しょうかん》期限）を迎える国債の発行額が、それまでの年間20兆円ぐらいから、２０２０年はいきなり4倍の82兆５０００億円になった。異常事態に決まっている。

私が調べたら、この82兆５０００億円は、1年もの（1年債）が42兆円で、半年もの

（6カ月債）が41・2兆円である。グラフの国債の発行額は、「カレンダーベース」と言って、財務省が予《あらかじ》め1年間の計画を立てて売り出す額である。だから実際に発行された国債の総額は、これよりもさらに増える。2020年と2021年発行の短期国債が、発行総額の4割を占めるに至った。

「国の借金1216兆円　20年度末、過去最大に」

財務省は5月10日、国債と借入金、政府短期証券を合計したいわゆる「国の借金」が2021年3月末に、1216兆4634億円になったと発表した。前年同期から101兆9234億円増え、過去最高を更新した。増加幅は近年10兆～20兆円程度で推移していたが、新型コロナウイルス禍を受けた財政出動で大幅に拡大した。

国債が86兆5709億円増の1074兆1596億円で、主に償還までの期間が1年以下の短期国債が増えた。借入金は5277億円減の52兆48億円だった。

政府は、2021年度予算で借換債《かりかえさい》を含めて計236兆円を超える国債の発行を計画しており、債務の規模は高水準での推移が予想されている。

（日本経済新聞　2021年5月10日）

この記事にもあるとおり、日本の国債（国家借金証書）は、コロナ対策の財政出動で1年ものと半年ものが、大量に増えた。

「すぐ返すから、お金を貸してよ」と、借金をする人がいる。これを寸借《すんしゃく》と言う。今の日本は、国家が寸借をしているのである。

■世界に溢《あふ》れたコロナの緩和マネー

アメリカはコロナ対策で9兆ドル（1000兆円）、ヨーロッパはEU30カ国で10兆ドル（1100兆円）を出した。日本は7兆ドル（770兆円）だ。アメリカはさらにあと2兆ドル（220兆円）のコロナ給付金（subsidy サブシディ、補助金）を出す。これ以外に失業手当の給付もあるので、なるべく働きたくないという人たちが毎月5000ドル（50万円）ぐらいずつ貰って、労働者階級でさえあまり働かないで生きていけるようになっている。

こんなことを、いつまでどこまでやり続ける気だろうか。商店主や企業経営者や各種の

米、欧、日の中央銀行が出したコロナの緩和マネーが膨大である

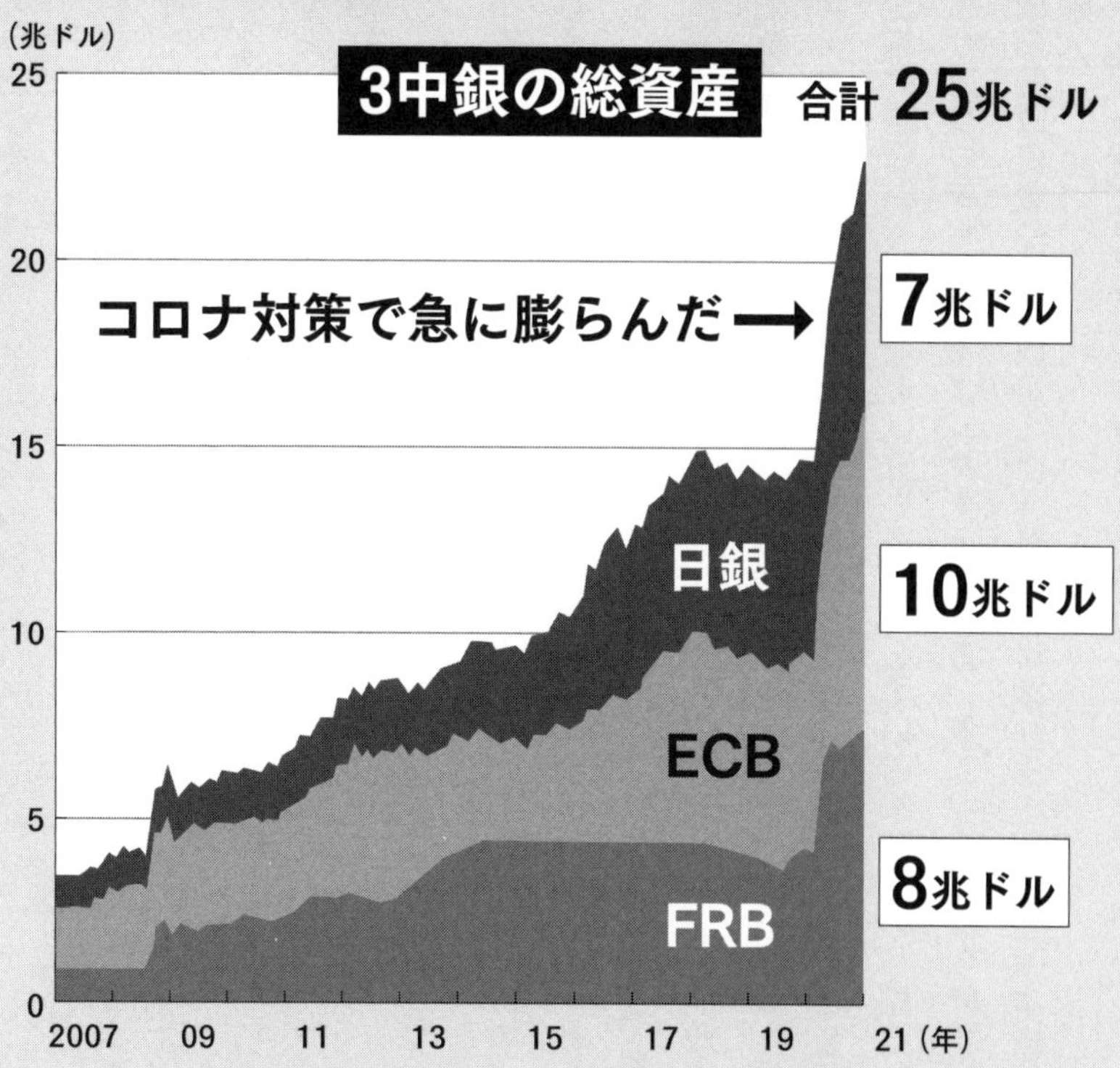

出所：日本経済新聞　2021年3月7日

先進国の中央銀行の帳簿上の「資産(アセット)が増大して」と言うが、その中味は、政府が発行した国債という借金証書と、民間銀行や企業から買い取ったボロクズ債券である。何が資産か。

組織団体には、それぞれまた別個に大変な金額のコロナ対策費が出されている。これがＰ124以下で書くとおり、アメリカですでに住宅バブルを引き起こしている。日本で32年前に〝狂乱地価〟と呼ばれた住宅価格の高騰と同じことが、アメリカで今、起こっているのである。だから、中国恒大集団の経営危機に現われた、中国の不動産バブルが破裂して自分たちに波及することを恐れているのだ。

　ジェローム・パウエルＦＲＢ議長たちは、何とかかんとかして、今のジャブジャブ・マネー（コロナ対策費）の過剰な供給をやめたい。そのようにバイデン政権に対して「これ以上、お金（お札）をせびらないでください」と、困り果てた感じで訴えかけているのだ。ところがアメリカ政府（米財務省）は、ＦＲＢの意思に反して「政府だって財政《ファイナンス》の引き締めに転じたい。だが、なかなかそうはいかないんだ。ＦＲＢよ、まだまだお札（これがジャブジャブ・マネー）を発行して私たちに渡してくれ」と懇願《こんがん》している。
　ＦＲＢが米財務省から引き受け（買い取り）している米国債の、見返りとして渡すお札が、コロナ対策費のジャブジャブ・マネーである。新聞記事には「財政出動」とか書いているが、国の財政資金や財政政策（フィスカル・ポリシー）など、本当は無いのだ。なぜなら、税収分は全部、国防費と公務員の給料に使ってしまうから、だから財政政策なんか存在しないのである。すべては、中央銀行が手品《てじな》で作り出すお札（お金）に頼っている金融政策（マネタリー・ポリシー）だけが存在するのである。

だから昔のように、財務省《トレジャリー》が前面に出て、経済政策（エコノミック・ポリシー）で頑張っています、という感じはない。金融・経済の話になると、今では朝から晩まで中央銀行の総裁の顔ばっかりが出てくる。今や中央銀行の打ち出の小槌《こづち》（金《かね》の生《な》る木）だけが頼りの世界なのである。

日本もまったく同じである。ヨーロッパも同じである。Ｐ113のグラフのとおり、アメリカ（ＦＲＢ）、ヨーロッパ（ＥＣＢ）、日本（日銀）の３つの中央銀行の総資産は、合計で25兆ドル（２７００兆円）にまで膨《ふく》らんでしまった。こんなことをいつまで続ける気だろうか。「こんなのは大した金額ではない。もっともっと中銀《ちゅうぎん》がお札を刷ればいいんだ」と、居直って平気で言っている頓馬《とんま》の評論家たちがいる。経済学者たちは、みんな怖がって、大学の中に立て籠《こも》って何も発言しなくなった。あとあと、「お前は、やっぱり軽率だったなぁ」と仲間たちから言われるのを恐れている。

私は、コロナ禍《か》（本当は「わざわい」と読む。この「か」という呼び方は変だ）が、さらに変な形で増強されたワクチン接種禍《か》（笑）がもたらす人間（人類）への打撃と、さらなる巨額の金融緩和政策は同じものだと考えている。やがて死者がたくさん出るだろう。

無制限にお金を発行すれば、やがて行き詰まる

政府（広義《こうぎ》では中央銀行を含む）がお金と国債をジャブジャブと刷り増し続ければ、たしかにその一部が金融市場と不動産市場に溢《あふ》れ出てくる。これが真実である。だから株価がさらに上がり、不動産への投資が増えている。

これで「景気がかなりよくなった。自分は儲かっているよ」と、にんまりしている投資家や、資産家（お金持ち層）が確かに増えている。「今の政府の政策は正しいよ」と。彼らは今の政府の政策に満足している。貧しい人たち（下流《かりゅう》とか下層《かそう》と言う）にまで、コロナ給付金の名前で日本でもお金が出たので、「これで世の中全体がうまく動いて、これでいいんだよ」と言う人たちがいる。

私のこの本は、金融と経済の本である。ということは、読者にとっての資産防衛やお金儲けのためになる本でなければいけない。ところが私は、金儲けの具体的な情報や知識や

やり口を、最近はほとんど書かなくなってしまった。正直に言えばそうだ。

ところが、いいですか。いわゆる金融や経済の本を書く人が、もうほとんどいなくなってしまった。大型書店にも、金融本は並んでいない。ビジネス書の中の金融本というジャンル（部門）そのものが滅んでしまった。おそらく私の本が唯一、日本で残された金融本である。

コロナとワクチンを理由にした感染症《パンデミック》（30年前までは、私たちは「伝染病」というコトバで習った）の広がりを口実、掛け声にして、各国政府はお金（お札）を無制限に発行して経済を動かす、というやり方をしている。だがどうせどこかで行き詰まる。私はそのときをじっと待っている。

コロナウイルスを名目にしたアメリカの金融緩和マネーは、世界中に放出される。世界権力者（ディープ・ステイト）たちは、これでいいと思っている。各国で政府がマネーをたくさん発行して、給付金や対策金の形でばら撒けば、必ずそれが経済効果に波及して成長経済《エコノミック・グロウス》が維持できるのだという理屈で、今も動いている。

これが新しい「持続可能な成長《サステイナブル・グロウス》」で「ステイクホルダー（みんなが利害関係人）資本主

義」の掛け声の下《もと》のSDGs《エスディージーズ》やらESG《イーエスジー》やらの、これからの世界秩序だということになっている。ダヴォス会議（会長、クラウス・シュワブ。元ジュネーブ大学教授）というのは、本当にワルいやつらだ。

日銀の黒田東彦総裁は、「コロナ後も緩和を続ける」と明言した。

「日銀頼み、空転20年　黒田総裁「コロナ後も緩和継続」」

日銀の黒田東彦総裁は、日本経済新聞のインタビューで「デフレの影響が人々のマインドセット（思考様式）に残っている」と述べ、「粘り強く大規模な金融緩和を続ける」と強調した。米欧の中央銀行は、インフレ懸念から緩和縮小を探《さぐ》り始めたが、物価低迷が続く日本は蚊帳《かや》の外だ。今から20年前（注。2001年）の量的緩和開始から緩和策を続けるのだが「低温経済」（ゴルディロックス経済）から抜け出せていない。賃金の停滞など本質的な問題解決を急ぐ必要がある。

2013年春の就任時、黒田総裁は物価上昇率を「2年程度で2%にする」と宣言し、国債などを大量に買い入れる異次元《いじげん》緩和に乗り出した。物価は1年ほどでマイナス圏から1％台半ばのプラス圏に浮上した。だが、その後は失速。黒田総裁は、2期目の任期が切れる23年度も「2％の物価目標に達しない」との見通しを述べた。

そのため「新型コロナウイルスの感染が収まっていくとしても、日銀は緩和的なスタンスを粘り強く続ける」と改めて主張した。欧米では緩和縮小論が浮上するものの、日銀は大規模緩和をさらに長期間維持する姿勢だ。

（日本経済新聞　2021年9月8日）


日銀黒田は、おそらく2023年の自分の任期切れまで、今の緩和マネー政策を続ける気だ。前述した。それを自分の引退の花道とするだろう。デフレ（不況）を、無理やり低インフレ（好景気）に変えることはできなかったが、それでも物価を安定させて日銀としての舵取りはなんとかやり切った、と密かに自負しながら退場してゆくだろう。そして、そのあと大恐慌が襲いかかってくる。

世界権力者たち（ディープ・ステイト）は、「これでいい。このままお金の量を増やすことで世界経済がうまく回る。足りなかったのはお金の量だったのだ」という考え方をしている。この考えが世界の主流派になっている。ところが、公然とこれを言う人は、不思議なことに、いない。誰も「これでいいのだ」とは言わない。それなのに、これが当たり前の事実になってしまっている。

小金《こ》持ちたちも、「この政策でいい」と言っている。「お金が足りないんだから、中央銀行がそのお金を刷って、政府に渡せばいいんだ」と。そして「国家予算も足りないんだったら、日銀がたくさん刷ったお金で予算を組めばいい。そうすれば、増税をしないですむ。私たちの財産が狙われなくていい」と言う。「税金は増えない。国のお金だけが増えて、経済がよく回っているんだから、それでいいじゃないか」という強固な考えがある。

私はこれに反対している。反対しなければすまない立場である。こんな天からお金が降ってくるような。あるいは金《かね》の生《な》る木から取れる果物のようなお金だ。あるいは打ち出の小槌から出てくるお金だ。それが健全なお金であるはずがない。

お金というのは、汗水垂《た》らして働いた人間たちの労働の賜物《たまもの》だ。お金は人間の血と汗の結晶だ。この労働は肉体労働だけではない。精神労働も含めて、産業資本家や経営者たちが必死で優れた商品やサービスを作って、それを人々に買ってもらって、それで成長経済ができて国民経済《ナショナル・エコノミー》がうまく回るのである。

この考えから見たら、コロナ対策経済のジャブジャブ・マネーは、いびつである。おかしい。だが、おかしいということが分かっていても、世界中でおかしいことを各国政府が揃《そろ》って公然とやると、それはおかしくないことになってしまう。これが今も続いている。

■ボロクズ債券を買い取る中央銀行

前述したとおり、中央銀行の資産が増えたと言うが、その中身はボロクズ債券だ。例えば住宅ローンを返せなくなった人たちのローン債権をかき集めて、それを証券に作り替えて売買しているＭＢＳ《エムビーエス》（Mortgage《モーゲッジ》 Backed《バックト》 Securities《セキュリティーズ》　不動産担保証券）をＦＲＢは相も変わらず、リーマン・ショック（２００８年）からずっと買い取り続けている。

住宅金融公社のフレディマックとファニーメイに寄せ集まったものをＦＲＢが買い取る形で、今も毎月20億ドル（２０００億円）ぐらいずつ買い入れている。毎月80億ドルの米国債と、毎月40億ドルのＣＰ（コマーシャル・ペイパー。企業の債券＝約束手形）の他に、である。だから、毎月１４０億ドル（１・５兆円）で、１年間で１７００億ドル（18兆円）である。毎年20兆円（２０００億ドル）ずつＦＲＢの資産（という名のボロクズ債券）が膨らむ。

FRBは、コロナウイルス騒ぎが始まった去年（2020年）の春から、新しく別のボロクズ債券の買い取りを始めた。去年の4月の記事である。

「FRBがジャンク債購入へ、最大250兆円追加供給―中小企業支援」

米連邦準備制度理事会（FRB）は、2020年4月9日、新型コロナウイルスのパンデミック（世界的大流行）に対応した経済支援策として、新たに最大2兆3000億ドル（約250兆円）を供給する一連の措置を発表した。金融市場で最も打撃を受けている高リスク分野への支援も約束しており、新型コロナ流行による経済的打撃の大きさをあらためて浮き彫りにした。

FRBの発表によると、中小企業や州・地方政府の支援向け融資に2兆3000億ドルを投じる。高利回り債やローン担保証券（CLO）、商業用不動産ローン担保証券（CMBS）の一部も買い入れ対象とする。

今回の措置はFRBが既に発表した大規模な景気刺激策に上乗せするもので、これまで当局が避けていた投機的な融資活動に踏み込むものであり、景気てこ入れのためパウエル議長がリスクを取ることも辞さない姿勢を鮮明にした。

（ブルームバーグ　２０２０年4月10日）

この記事の中にはっきりと「高利回り（ハイ・リターン）債」と書いているが、これは「ジャンク債《ボンド》」で「高危険（ハイリスク）のボロクズ債券」である。シェールガスの掘削《くっさく》会社のような、山師《やまし》の一攫千金《いっかくせんきん》目当てのバクチ打ちたちが始めた鉱山会社が発行《イシュー》した、低《てい》信用の高《こう》利回り（年率25％とか）の社債（コーポレット・ボンド）である。前のほうでしつこく書いた。こんなものまでＦＲＢは銀行経由（裏書き保証《エンドース》させて）で買い取っている。

10年昔はＭＢＳ（Mortgage Backed Securities　不動産担保証券）だったのが、今はＣＬＯ《シーエルオウ》（ローン担保証券）やＣＭＢＳ《シーエムビーエス》（商業用不動産ローン担保証券）と呼ばれるものに進化していて、主に商業ビルの売り買いの投機《とうき》市場で扱われているバクチ証券（プロどうしの騙《だま》し合いの債券）である。これらの中ですでに傷《キズ》ものになって、売り買いできないようなゴミが回り回って中央銀行に流れ着いてくるのだ。これらをまるで社会福祉のように買い取って、一体、先々、どのように会計処理するつもりなのか、私には見当もつかない。

このボロクズ債券買い取り以外に、ＦＲＢは大企業が振り出す、資金繰《ぐ》りのための融通《ゆうずう》手形を買い取っている。企業が資金に困って、ガチャガチャと金額を打ち込んで代表者署名（と印）があるだけの、ただの約束手形《プロミサリー・ノート》なのに、これを「コマーシャル・ペイパー」（ＣＰ）と呼んで立派な債券扱いしている。そしてアメリカの連邦政府や地方政府（州や都市）が必要とする資金を出している。これでなんとか、グルグルお金が回っているように見える。日本政府と日銀もまったく同様に、アメリカというかディープ・ステイト（陰に隠れた世界権力者たち）からの命令で、世界命令で、「お金を刷ってばら撒け」という政策を無理やりやらされている。

■コロナ・マネーが不動産市場に流れ込んだ

アメリカでは、このコロナ・マネーの有り余ったお金を手に入れた金持ち層が高級住宅を買うことで、不動産市場にお金が流れ込んでいる。だから高級住宅街のバブル（住宅《ハウジング》バブル）がひどい。簡単に言うと、３００万ドル（３億円）の住宅が、５００万ドル（５億円）に跳《は》ね上がっている。

land bubble

アメリカはすでに住宅バブル “狂乱地価”が起きている

アメリカで起きている狂乱地価を「ランド・バブル」land bubbleと言う。グラフで分かるように、20年前に比べ、価格指数で2.7倍である。イギリスではこれをhousing bubbleと言うが、こちらもヒドい。1年で13.3%上昇した。

「米住宅価格指数、6月も記録的な伸び─低金利と在庫薄で争奪戦」

S&Pケース・シラーがまとめた6月の米住宅価格指数は、前月に続き過去30年余りで最大の伸びを示した。

供給不足が続く中、低い住宅ローン金利（注。ゼロ金利政策のために）を背景に、限られた物件に需要が集中し、全国的に価格が押し上げられている。

（ブルームバーグ　2021年8月31日）

アメリカの中産階級から上のお金持ち層、あるいは上級サラリーマン層にしてみれば、コロナ・マネーで転がり込んできた資金を今のうちに実物資産（タンジブル・アセット）に替えておきたい。新築の高級住宅が飛ぶように売れている。だから住宅バブルが起きているのだ。ここにコロナ対策費が流れ込んでいる。それと前述したNYダウ平均株価が、最高値で3万5000ドル台まで行ったので、株で儲かった連中がたくさんいる。

日本では住宅バブルは、1989年から1991年にかけて起きた。もう30年前だ。そのときの激しい地価高騰《こうとう》で、〝狂乱地価〟と言われた。極端な例では、東京の杉並《すぎなみ》や目黒《めぐろ》の住宅街で、30坪（100平米）で1億円だった土地付き住宅が、たった1日で2億円に上がった。そういうことが現実に起きていたのだ。

この狂乱地価を、英語では「ランド・バブル」land bubble という。これはアメリカ英語である。イギリス英語では「ハウジング・バブル」housing bubble である。イギリスのロンドン周辺の土地・住宅バブルもひどい。ひどいなどというものではなくて、殺人的な値上がりをしているという。どんなに頑張っても家を買えなくなった中間層の、若いサラリーマン層の怨嗟《えんさ》の声が起きている。

持ち家を持っている人といない人とで、貧富の差が広がっている。社会の格差《かくさ》（disparity　ディスパリティ）が広がっている、と言われるのは、実は持ち家以外に賃貸《ちんがい》しアパートを持っている層の人と、家賃（rent　レント）を払い続ける人々との差として現われているのだ。中国恒大集団（住宅デベロッパー）の経営破綻の問題も、中国で起きている高層アパート（タワーレジデンス）を買えた人とそうでない人との差で現われている。このことは、日本でほとんど知られていない。

パウエル議長たちが嫌《いや》なのは、そしてものすごく心配しているのは、自分たちの緩和マネー（コロナ・マネー）の政策によって、全米で住宅バブルの形で余ったお金が、いびつな資金として金融市場に流れ込んでいることだ。そして、それがいつ大爆発（住宅バブルの崩壊）を起こすか、という心配だ。

Ｐ125に載せたような中級住宅のバブルが、例えば、ネバダ州で激しく起きている。その理由は、隣の大きな州であるカリフォルニア州の州知事のギャビン・ニューサムが、ものすごく高い州税（ステイト・タックス）と固定資産税（エステイト・タックス）を課すからだ。だから、隣のネバダ州に新築の家を買って逃げ出す人々が大量に出ている。テキサス州にまで移る人々がいる。この金持ち層に重《じゅう》課税する州知事を辞めさせようとリコール運動が起きたのだが、ニューサム知事が勝ってしまった。

貧困層のアメリカ国民は、30万ドル（３０００万円）ぐらいの安い古い住宅に住むか、アパートに住んでいるわけだから、関係のない話である。カリフォルニア州は、財政破綻している州だから、州税がものすごく高い。だから貧しい層の一部は、すでに家を捨てた。トレイラー・ホームかキャンパー・トレイラーの移動式自動車ハウスに住んで、移動しながら暮らしている人々が増えている

そしてトレイラー・パークという大きな駐車場に停めて、電気と水の供給を受ける。１日10ドル払えばいい。こういうトレイラー・パークで、１０００台もまとまって暮らして

今も大銀行の店頭で売られている。
こんなものを買うな

危険なハイイールド債《ボンド》(債《ジャンク》)が金融商品に組み入れられている

例：「みずほUSハイイールドオープン」の組み入れ銘柄

順位	銘柄名	クーポン	償還日	格付け	比率	業種
1	スプリント キャピタル	6.875%	2028/11/15	B+	1.2%	通信
2	フォード・モーター	9.000%	2025/4/22	BB	1.1%	自動車
3	ディッシュ DBS	7.750%	2026/7/1	B−	0.9%	メディア
4	ネットフリックス	4.875%	2028/4/15	BB−	0.9%	メディア
5	ネットフリックス	5.375%	2029/11/15	BB−	0.8%	メディア
6	HCA	7.500%	2023/12/15	BB−	0.7%	ヘルスケア
7	トランスダイム	5.500%	2027/11/15	B−	0.6%	資本財
8	クラフト・ハインツ・フーズ	4.375%	2046/6/1	BB+	0.6%	消費財
9	クラフト・ハインツ・フーズ	4.875%	2049/10/1	BB+	0.6%	消費財
10	FMGリソーシズ	4.500%	2027/9/15	BB+	0.6%	素材
11	テネット・ヘルスケア	6.250%	2027/2/1	CCC+	0. 6%	ヘルスケア
12	クラフト・ハインツ・フーズ	5.000%	2042/6/4	BB+	0.5%	消費財
13	マグノリア・オイル＆ガス	6.000%	2026/8/1	B−	0.5%	エネルギー
14	ウェスタン・ミッドストリーム・オペレーティング	5.050%	2030/2/1	BB	0.5%	エネルギー
15	チャーチル・ダウンズ	4.750%	2028/1/15	B+	0.5%	娯楽

利回りが高いほど危険(格付け会社のレイティング)

利回り　格付け(信用力)

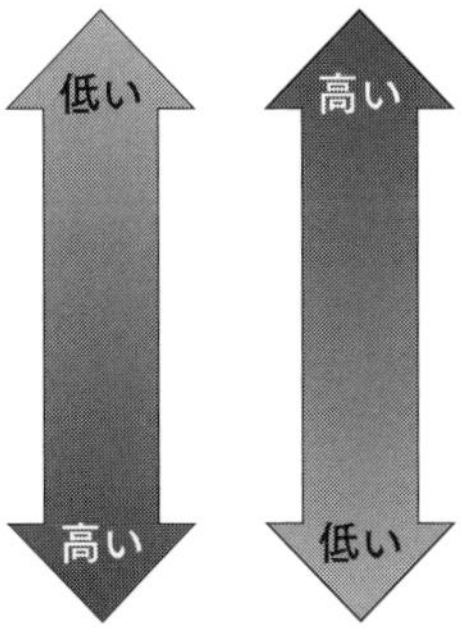

S&Pの場合	ムーディーズの場合	
AAA	Aaa	高格付け債
AA	Aa	
A	A	
BBB	Baa	
BB	Ba	ハイイールド債
B	B	
CCC	Caa	
CC	Ca	
C	C	
D	—	

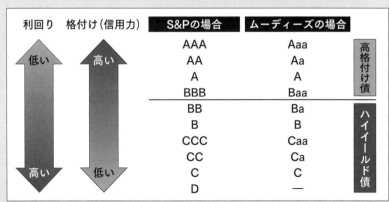

いる人々がいる。ちょっとしたミニタウンである。都市から50キロぐらい離れた森の中とかにある。市税ではなくて郡税（カウンティ・タックス）を払えばよい。これは最低限度の税で、年に1ドルとかの形だけの登録税のようなものだ。そして選挙の投票もできる。ただし、ここには黒人は入れない、というような暗黙のルールのようなものがある。これが今の真実のアメリカだ。

■債券市場が暴落する

この住宅バブルと、それから金利の値上がりが怖い。前述した政策金利（短期金利）は、1年以下の金利であるが、これは政府がなんとか動かす（コントロールする）ことができる。しかし、長期金利（その指標は10年ものの米国債）は30年もの、50年ものまである。本当は、隠れた形で１００年ものというのがある。日本政府は１００年もののアメリカの国債とかをたくさん秘密で買わされている。それが１００年後にどうなっているか分からない。

10年ものの米国債の金利が10月になって急激に上がりだした。１・３％まで下がっていたのが、1・5%を超えた（P29のグラフ参照）。この金融市場の実勢を表わす、人間の体で言えば体温のような長期金利がじりじりと上がっている。このあと、1・8%、2・0%になっていくと、それは体温が37度を超して、38度になることに等しい。2・5%になると、39度の高熱になるようなものだ。なぜなら、この10年もの国債を基準として他のすべての金利が、その上に積み上がっているからだ。10年もの国債が上がると、それより上のほうにずっと引きずり上がっている各種の債券市場の金利が暴騰する。前のほうで説明した中国恒大集団が発行した社債（コーポレット・ボンド）が年率80%になって売られている。ジャンク債《ボンド》に変身、変態しているからだ。

　国債金利の上に大企業向け融資の金利や、大企業が発行する債券の市場がある。次に一般国民向けの住宅ローン金利がある。その上に、商業ローン（企業向け融資）がある。そしてサラ金（消費者金融。今は銀行がやっている）がある。さらにその上に、低信用のジャンク債（高利回り債）のボロクズ債券である危険なベンチャー・ビジネスが発行して売られている高《こう》危険な債券（ハイリスク債）市場がある。P129の表のとおりだ。これらの金利が急上昇すると、すなわち債券市場の暴落である。これが恐いのだ。

　長期金利が急激に上がっていくと、シェールガス投資や、送電設備（スマートグリッドという）などのインフラ投資のベンチャー企業の資金繰りができなくなって、資金を返せなくなる。デフォールト（債務不履行）を起こす。この危険を皆が察知すると、資金需要の大きな動き全体が狂ってくる。〝夢の新技術〟を開発していて、〝ユニコーン〟（あっという間に10億ドル、1000億円）などと孫正義《そんまさよし》たちによって焚《た》きつけられ、煽《あお》られているアブク企業が発行するハイリスク債に対しては、さらに1％とかの上乗せ利回り（金利）を資金の貸し手側が要求する。「そうしないと資金を引き上げる」と脅《おど》す。これで、さらに金利が上がる。

ということは、ユニコーンやベンチャーなどの危険な会社が発行している社債は、暴落する。債券の暴落とは、金利が300％とかにハネ上がるということだ。実際には、もう誰も見向きもしなくなる。奇怪なドブ浚《さら》い屋（ディストレスト・ファンドと言う）のような者たちによる「まだ隠れている宝物があるはずだ」の世界だ。実際には、その社債はもう紙キレ、紙クズになっている。まともな人たちは相手にしない。そして今度は、健全な企業向け融資やサラ金の金利（今は15％が上限）が国債金利を突き上げる。すべての金利（利回り）が引きずり上げられる。FRBは、これをものすごく心配している。

「第二のニクソン・ショック」を指摘した経済学者

ケネス・ロゴフ Kenneth Saul Rogoff という、ハーヴァード大学教授で、少し前までIMF（国際通貨基金）のチーフ・エコノミスト（主任研究員）をしていた経済学者（68歳）がいる。彼は、一流経済学者たちの世界では、あけすけに本音を語る人物として知られている。

13年前の2008年のリーマン・ショックでニューヨークの株価が大暴落して、大銀行がすべて軒並《のきな》み、一瞬、破綻（資金ショート）して金融恐慌が起きたときに、このケネス・ロゴフとカーメン・ラインハートという同じくハーヴァード大学の女学者は、「政府の諮問委員会に入っている経済学者たちを含めて、アメリカの財務省やFRBで金融政策を実行してきた人たちは責任を取るべきだ」ということを正直に素直に言った。だから、アメリカ経済学界から総スカンを喰《く》って目の敵《かたき》にされた。今はかなりおとなしくなって、学界（学会）に復帰している。それでも口ぶり（口吻《こうふん》）に妙な味わいがある。そこをじっと観察しなければいけない。ロゴフは尻尾《しっぽ》を出している。ロゴフに日本経済新聞がインタビューした。

「米国の過信、ドル覇権のもろさに　ロゴフ教授」

米ドルの切り下げと変動相場制への移行につながったニクソン・ショックからちょうど50年。ドルはなお基軸通貨《キー・カレンシー》であり続けている。ドル覇権の死角はどこか。その脆弱性《ぜいじゃく》に警鐘を鳴らす米ハーバード大学のケネス・ロゴフ教授に聞いた。

――人民元をドルに連動させる現在の仕組みを中国がいずれやめると（あなたは）みていますね。

「もうすぐ中国は（先進国のような）物価目標に基づく金融政策に移り、為替相場の変動を大きくするでしょう。時間がたつにつれてアジアは人民元でまとまり、人民元はアジアの地域通貨、ユーロは欧州の地域通貨に、ドルはそれ以外の世界だけの国際通貨になるでしょう。中国の重要性が増し、2100年までは多極体制《マルチポーラー》が続くのではないか」

「多極体制は過渡期の状態だ。英経済の衰退後も英ポンドが国際通貨の地位を保った

「米国の過信が、ドル覇権のもろさに」

写真：Princeton University（上）　Harvard University（下）

1971年8月15日のドルショック（ニクソン・ショック）から、ちょうど50年。ケネス・ロゴフ教授は「インフレを制御できなくなるときが来る。米国政府が積極的に利上げに動かなければ、ニクソン・ショックと似たことが起き、ドルの価値が下がる」と答えた。

リーマン・ショックのときにロゴフと共著を出した世界銀行チーフエコノミストのカーメン・ラインハート女史は、「アメリカ財政は破綻する」論者だったが、今は体制派に戻ってハーヴァード大学学長を狙っている。

（引用者注。1931年に金《きん》ボンド体制が正式に終わった。その前の1914年からスターリング・ポンド体制は弱っていた）ように、強力な独占企業は独占権を失うまでの間は、平凡な製品を提供することが許される（まだ市場で、その時代遅れの製品が売れる）。米企業は中小企業でも（今のところは）海外で大規模な借り入れが可能だ。基軸通貨の『法外な特権』の一つだ。いずれ中国が超大国《スーパーパウア》になるなら、ドルが今の地位をずっと保つのは難しい。米国は大変化が起こるであろう事実を過小評価している。（アメリカの経済は）想像以上にもろい」

——いまもまだドルは支配的です。

「ドルの力は、世界の貿易や投資、外貨準備に使われているということだけでなく、米国があらゆる情報を握っているという事実にこそある。（世界中に散らばっている）ドルは多くは米国内で決済され、米国の誰かが（外国でのドルでの）取引の内容も知っている。米国の（反抗的な国々《ロウグ・ネイションズ》への）経済制裁《サンクション》はドル使用を回避する動きを広げた。そして暗号資産（仮想通貨）の価格を上昇させた。米国政府は制裁に頼りすぎるリスクを見過ごしている」

――転換点《ターニング・ポイント》は突然訪れますか。

「（これから）何年もかかるだろう。1970年代のインフレも一夜にして起きたのではない（その前の大繁栄の結果だ）。いま米政府は（中央銀行から）低金利で借金を繰り返し、債務《デット》残高を膨らませている。私は所得の再分配（富裕層に厳しい政策）には賛成だが、給付金を増やすなら増税すべきだ。今の政治はリスク・マネジメントの感覚を失った。低金利が永遠に続くとは限らない」

――50年前の欧州とドルの関係は、いまのアジアとドルの関係に通じますか。

「その通りだ。中国は海外投資家に中国国債を買ってもらおうとしている。そして、アジア諸国との貿易協定に（決済通貨として）人民元を使う条項を入れようとしている。1960年代のドイツも似たようなことをした。独マルクが強くなり、外国との政府間事業では独マルク（建て）による公的融資を手掛けた」

――中国は本当に通貨制度を改革できますか。

「中国当局は、人民元の国際化に向けて動き続けていると私は思う。ただ人民元を国際通貨にするためには、非常に明確な法の支配《ルール・オブ・ラー》が必要になる。いまの中国にはそれがない。少なくとも他人（諸外国）から信頼されるものではない」

――米国はどうすべきですか。

「インフレが制御できなくなりそうなときに、米国政府が積極的に利上げに動かなければ、ニクソン・ショックと似たことが起き、ドルの価値が下がる。皮肉な言い方をすれば5年ごとにパンデミック（疫病の世界的大流行）が起きることで、今のままの金利とインフレ率がゼロで続くなら問題は起きない。現システムが高《ハイパー》インフレで崩壊するとは限らない。しかし（米国が）無敵ではない」

――中国が、中央銀行によるデジタル通貨（ＣＢＤＣ）の実現を急いでいます。それに対して、米国は及び腰です。

「米国が現在の勝者であるから、ゲーム（のルール）を変えたくない。米国は何も変えたくないと思っている。米連邦準備理事会（ＦＲＢ）が、ＣＢＤＣ（を実施すべきかについて）の報告書を準備している。ほかの国の中央銀行がこぞって検討しているという『頭に銃を突きつけられた状態』での話だ」

（日本経済新聞　2021年8月9日　聞き手＝大越匡洋記者　傍点と注記は引用者）

■ドルはどこまで暴落するか

このケネス・ロゴフへの日経のインタビュー記事で、ロゴフは「いずれ中国が超大国になるなら、ドルが今の地位をずっと保つことは難しい」と、はっきり言っている。「米国は変化が起こる事実をみんなで過小評価している」。そして「アメリカ経済は想像以上に脆《もろ》いのである」と答えている。すなわち、米ドルによる世界支配はそんなに長持ちしない、と言っている。しかし、「2100年までは、ユーロ圏《けん》、人民元《レンミンビ》圏、その他のドル圏の3つで世界は続いてゆく」と楽観的な見方をしている。

私は、そうは思わない。前のほうで書いたが、「デジタル人民元」（CBDC）の成長が急速である。途上国地帯（アフリカ、中南米、アジア）が自国通貨のあまりの信用のなさと、そのために実質的に米ドル札（10ドル、50ドル、100ドル）が流通している実情に憤慨《ふんがい》して、首相や大統領たちが自国通貨を投げ出して、ビットコインやデジタル人民元を自国通貨（法貨《ほうか》。法定通貨《リーガル・テンダー》）にしてしまえ、という動きに出ている。私は、ドル覇権《ヘジエモニー》の崩壊の始まりは３年後の２０２４年だと予言している。

さらにロゴフは、「もし、アメリカがハイパー（高）インフレになって、この高インフレを政府とＦＲＢが抑制できなくなったときには、ドル暴落（ドルの価値の下落）が起きる」と明言している。「このとき、政府およびＦＲＢが金利を上げて、強力に市場の実勢金利（長期金利）を舵《かじ》取りして、抑え込むことができなければ、ちょうど50年前のニクソン・ショックと同じになる」と予測している。高インフレが襲いかかってくるという事態になって、それでも、ＦＲＢが金利を上げる政策に移行して、高インフレを食い止めなければ、「ニクソン・ショックと同じことが起きる」と。

１９７１年8月15日のニクソン大統領声明（ドル・ショック）のあと、金《きん》ドル兌換《だかん》（ブレトンウッズ）体制は崩れ始めて、１ドル３６０円が、まず３０４円に落ちた。そして１２０円台まで落ちた。

だから今回は、今の１ドル＝１１１円が１００円を割って、80円、60円、40円となってゆく時代が十分に想定される。

ロゴフは、ここまで露骨には言わない。ところが、ここで彼は、驚くべきことを発言している。これは注目すべき重要な発言である。「皮肉な言い方をすれば、5年ごとにパンデミック（コロナウイルスのような世界的疫病流行）が起きて、それで金利とインフレ率が抑え込まれてゼロ金利のままで続くならば、アメリカ経済は問題ない。このままドル覇権を維持できる。現在のシステムが続く」と答えている。「ハイパー・インフレ（インタビュー記事では「高インフレ」と訳してある）が襲ってこなければ、アメリカ経済が崩壊するということはない」と言った。

■パンデミックでインフレを抑える計画的な政策

ロゴフは、今のコロナウイルスとワクチン強制を使った世界への脅迫と扇動《せんどう》は、計画的に作られて起こされているものである、と、分かっている。「世界銀行《ワールド・バンク》チーフエコノミスト」という彼の輝かしい経歴は、ディープ・ステイトの一員であることの立派な証明である。だから今の世界経済は、パンデミック（コロナウイルスの感染脅威）を煽《あお》り立て、都市を封鎖して飛行機を止めてワクチンを接種せよ、と脅迫することの萎縮効果で、インフレが起きないようにしているという恐るべき政策が実施されているのだ。**コロナの危機で過熱経済を抑え込めばいい。それを5年に一度ずつ行なえばいいのだ**とロゴフは、それとなく暗示して指摘する。このことは支配者たちの間ではタブーになっていて、誰も口に出して何も言わないことになっている。

ロゴフは、ここではニヤリと笑いながら、「皮肉な言い方をすれば（ironically《アイロニカリー》）、5年ごとにパンデミックが起きればいい」、すなわち「起こせばいいのだ」と言っている。本当に恐ろしい連中だ。世界を自分たちの意思と決断で、いいように操《あやつ》る、というのはこういうことだ。

ケネス・ロゴフは、前述したカーメン・ラインハート Carmen M. Reinhart というハーヴァード大学の女性の経済学者（66歳）とお仲間である。私は、カーメン・ラインハート女史が、次の金融恐慌が来たときにハーヴァード大学の学長になるだろうと思っている。

ロゴフもラインハートも、二人とも米経済学界では、かなりの嫌われ者だった。なぜなら正直にズケズケと本当のことを言ったからだ。２００９年に共著で「世界は、どうせ統制経済にならざるを得ないのだ」という内容の本を書いた。書名は『ディス・タイム・イズ・ディファレント』"*This Time Is Different: Eight Centuries of Financial Folly, 2009*"

である。邦訳は『国家は破綻する――金融危機の８００年』（日経ＢＰ社、２０１１年）である。このときは、統制経済（コントロールド・エコノミー）と言わないで、「金融抑《よく》圧《あつ》」（financial《フィナンシャル》 repression《リプレッション》）を使った。

リーマン・ショックのとき、「政策実行者《ポリシーエクスキューター》たちは責任を取りなさい」と書いたので、ものすごく嫌われたのだが、今はおとなしくなっている。この2人の本音は、急いで金融引き締めに転じて、大暴落、大恐慌に備えなければならないという立場だ。今は、静かにしているというような感じである。

しかし、彼らディープ・ステイトの底知れない悪意に、気づいている人たちは気づいている。誰もコロナウイルスでは死んでいない。日本国内では、２０２０年の2月から1年6カ月の間に1万８０００人が死んだと発表されている。重症者が５９５人、感染者（ではない。ＰＣＲ検査の陽性《ポジティブ》反応だ）が１７０万人だ、と（この人たちは、すぐ治る）。

しかしコロナウイルスで死んだとされる人は、ほとんどが老人で、この人々は毎年のインフルエンザで死んでいる数とぴたりと一致する。このことも、知っている人はみんな知っている。なのに言わないことになっている。もう80歳、90歳の老人たちと、もともと糖尿病などの既往症、病歴のある人たちだけがインフルエンザで死ぬのだ。それ以外の人々は誰も死んでいない。

私の考えでは、日本でコロナウイルスで死んだのは、ダイヤモンド・プリンセス号を無理やり横浜港に停泊、上陸させたときに計画的にやってきて死んだ13人の人たちを含めて60人ぐらいだ。それよりも、その後のワクチン接種で死んだ人たちの中に本当のコロナウイルスによる死者たちがいるだろう。

■コロナ・ワクチンの正体

私は医者ではないので、新型コロナウイルスへの対抗としてのワクチンのことを正確に書くことはできない。ウイルス学と感染症（疫病）学の知識を何も持っていない。

それでも今年の4月から高齢者へのワクチン接種（医療従事者は2月から）が、日本でも始まった。私は、モデルナ社やファイザー社が日本政府に大量（3億人分か。7兆円）に売り出して、日本人に打つ《ショット》ことになったコロナ・ワクチンを深く疑っている。私は接種（ヴァクシネイション）しない。

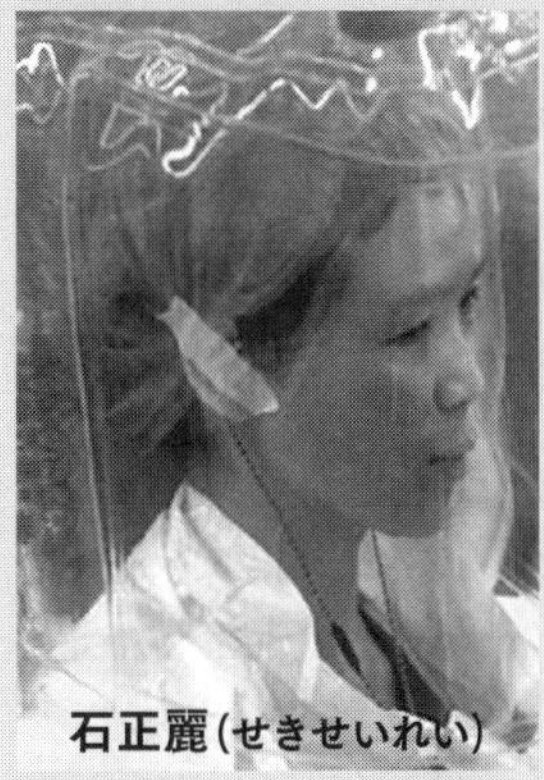

ダスザック博士と石正麗が2017年に武漢ウイルス研究所で遺伝子組み換えで、「コウモリ起源の人工SARS-CoV」を作った。そして**ACE-2受容体**と結合した。ワクチンの完成。

「ワクチンは本人の発症を防ぐが、周りへの感染を起こす」

mRNAワクチンの仕組み

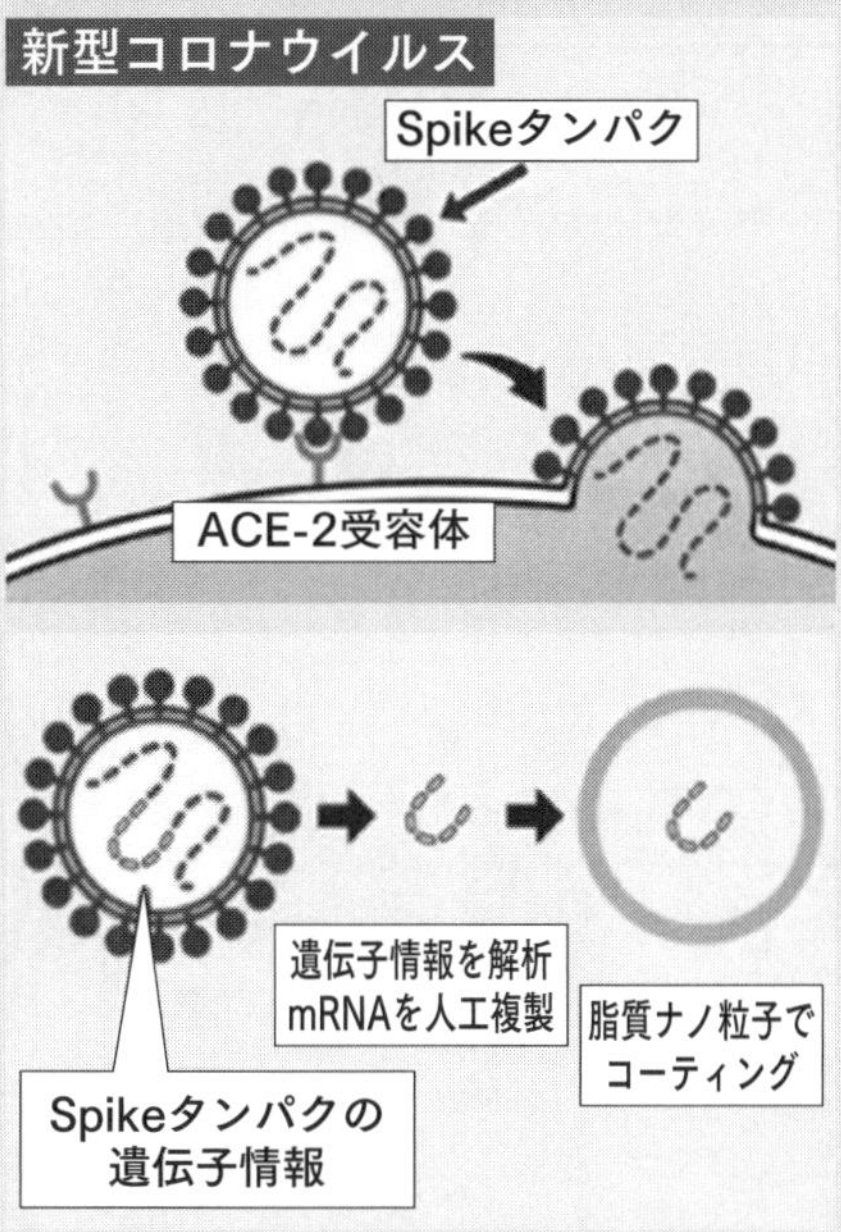

出所　苫米地英人「ヒトに初めて実用化接種されるmRNAワクチンとは」TOKYO MXTV バラいろダンディ　2021年3月1日放送

①Spikeタンパクが体内に生成される
②中和抗体産生が起きる
③細胞性免疫応答が起きる

　人工的に作られたmRNAが生み出したSpikeタンパクが、本来の自然なものからすり替わった。免疫からの攻撃を受けなくなった。

　キラーT細胞からも攻撃を受けない。本来は体を守るはずの抗体（アンチボディ）も変質して、このSpikeタンパクが生き残るので「SARS-CoV-2 Spike人工細胞人間」に進化した。接種した人は、これになった。

　ところが、変異種や別のコロナが体内に侵入すると、ふたたびキラーT細胞たちが全身のSpikeタンパクを一斉攻撃する。

私は、コロナ・ワクチンは人体に危険であると考えている。2回接種した人には、これから副反応《サイド・エフェクト》どころか、大きな災いが襲ってくると考えている。日本にはコロナウイルスは、本当はほとんど上陸していない。真実のコロナによる死者は60人ぐらいだと考えている。ほとんどは外国から帰ってきた日本人である。つまりコロナウイルスは、日本には存在しない。それなのに今回、遺伝子組み換えで作られた史上初のワクチンを射《う》つことで、コロナウイルスの遺伝子が人間の体内に生き残り、それが増幅して（Spike《スパイク》タンパクという宿主《やどぬし》の中で）発症する人がどんどん出てくると考える。実に恐ろしいことだ。

4月から次々に「ワクチンは危険だ」と書く本が出版された。著者の医者たちは私が直接、間接に知っている人たちだ。『今だから知るべき！　ワクチンの真実』（秀和システム刊）を書いた崎谷博征《さきたにひろゆき》医師は、私の弟子の一人である。ところが、これらの反《はん》ワクチン本たちは内容が難しくて、私の能力ではなかなか理解できなかった。私が、「あ、そうか。これがコロナ・ワクチンの正体か」と、ようやく自分の脳でなんとか分かったのは9月2日である。

私が大きく分かったのは、エイズウイルスを作って人体実験をしたために、これが世界中に広がった大事件と、今回のコロナウイルスは同じことだ、ということだ。アメリカの

ワクチンを接種した人は新型の感染人間になる

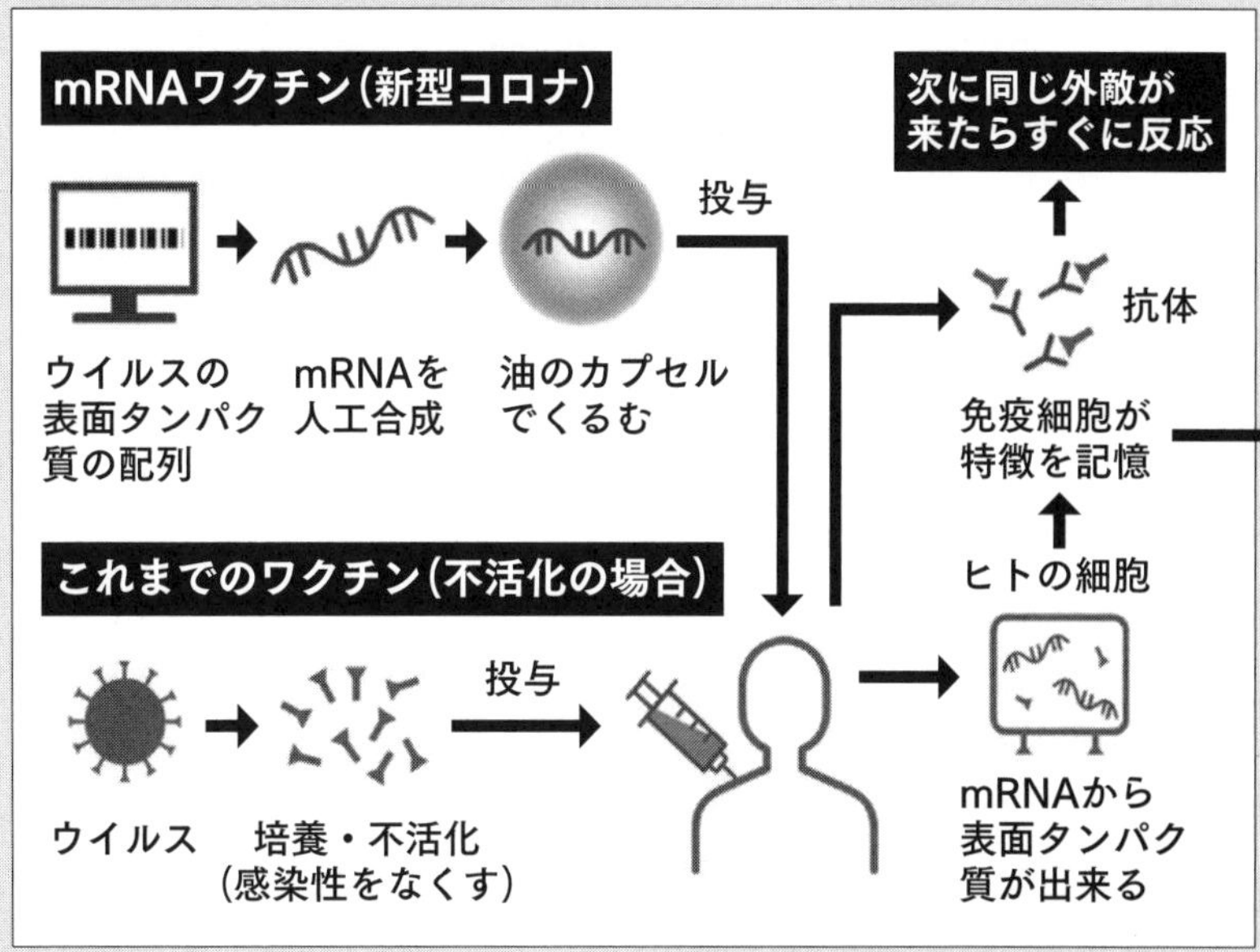

出所：日本経済新聞　2020年11月27日

細胞レベルで生体が変化➡「SARS-CoV-2Spike人工細胞人間」に接種した人は進化する

変異種や別のコロナウイルス（SARSや普通の風邪）に感染した場合に、人体を守る正常な免疫（イミューニティ）機能であるキラーT細胞がスパイク発現細胞を一斉攻撃する危険が生じる。

ウイルス学者たちの中の〝狂気の科学者《マッド・サイエンティスト》〟たちがこれを実行した。たとえて言うと、１９４５年４月に原爆（アトミック・ボム）を完成させたアメリカの核物理学者たちが、どうしても実際に使ってみたくて、それで広島と長崎に投下したのである。これと同じことだ。

Ｐ145の図にあるとおり、２０１７年にピーター・ダスザック博士（イギリス人）と石正麗《せきせいれい》研究員が武漢ウイルス（病毒）研究所で「ＳＡＲＳ《サーズ》‐ＣｏＶ」ウイルスを作った。それが元から人間の体に有《あ》る「ＡＣＥ‐２受容体《レセプター》」と、びっくりするぐらいピタリと符合した。このときにワクチンができた。

実は、ｍ《メッセンジャー》ＲＮＡという遺伝子配列自身がウイルスである。それが人体のＡＣＥ‐２受容体に、「Spike《スパイク》タンパク」を宿主《しゅくしゅ》（やどぬし）の形で入り込み、生き延びる。だからワクチンを接種した人の体の中で、コロナウイルスが転写、複製されて生き延びるのである。あんな筋肉注射で直接、人体に生きているウイルスの破片（これがワクチン）を注射して、血液の中に入ったのだから大変なことである。

38・５度とかの高熱が出て気分が悪くなった人が、私の周りにもたくさんいる。これが正常なことであるはずがない。接種した人のほとんどは、発症（発病）はしない。しか

初めから計画してワクチンで儲かったのはコイツらだ

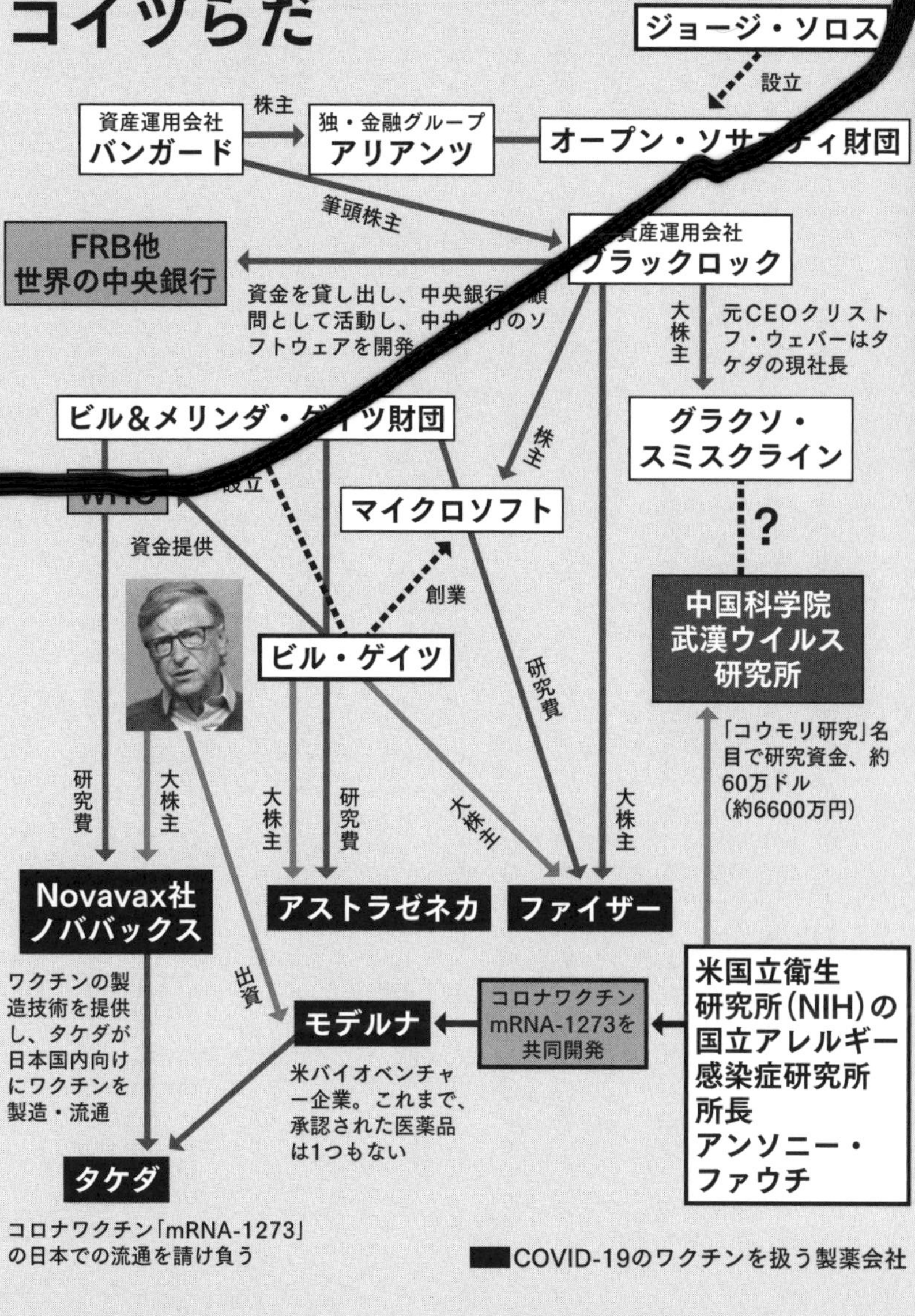

ジョージ・ソロス
設立
オープン・ソサエティ財団
資産運用会社
バンガード
株主
独・金融グループ
アリアンツ
筆頭株主
資産運用会社
ブラックロック
FRB他
世界の中央銀行
資金を貸し出し、中央銀行の顧問として活動し、中央銀行のソフトウェアを開発
大株主
元CEOクリストフ・ウェバーはタケダの現社長
グラクソ・スミスクライン
?
中国科学院
武漢ウイルス研究所
ビル&メリンダ・ゲイツ財団
WHO
設立
資金提供
株主
マイクロソフト
創業
ビル・ゲイツ
研究費
研究費
大株主
大株主
研究費
大株主
大株主
Novavax社
ノババックス
アストラゼネカ
ファイザー
「コウモリ研究」名目で研究資金、約60万ドル（約6600万円）
ワクチンの製造技術を提供し、タケダが日本国内向けにワクチンを製造・流通
出資
モデルナ
コロナワクチン
mRNA-1273を
共同開発
米国立衛生研究所（NIH）の国立アレルギー感染症研究所所長
アンソニー・ファウチ
米バイオベンチャー企業。これまで、承認された医薬品は1つもない
タケダ
コロナワクチン「mRNA-1273」の日本での流通を請け負う
COVID-19のワクチンを扱う製薬会社

し、他の人たちに自分の体内で生きているコロナウイルスをうつす（感染させる）ことになる。ああ、そうか。だからコロナウイルスで1年間、世界中を大騒ぎさせておいてから、初めから作って準備しておいたワクチンを世界各国の政府に売って、ビッグファーマ（大《だい》製薬会社）が大儲けしたのだ。真底《しんそこ》、ワルいやつらなのだ。人類の敵だ。この者たちがディープ・ステイト（陰に隠れた支配者）たちの一部であるはずだ。

ワクチンを接種した人たちは、以後は「ＳＡＲＳ《サーズ》-ＣｏＶ《コウヴィッド》-２《トゥ》-Spike人工細胞人間」と呼ばれる、進化した人間に分類されるという。接種しない者たちが旧式の古い人間である。接種した新型人間は、マジンガーZかガンダムか、エヴァンゲリオンのような、ウイルスに感染しにくい体質が増強された人間になったということなのだろうか。私にはとてもそうは思えない。

元をたどると、２０１２年にアメリカ国内で、ｍ《メッセンジャー》ＲＮＡなどを使う遺伝子組み換えの研究が禁止された。実験そのものがウイルス拡散の危険を伴うと分かったからだ。なぜならｍＲＮＡそのものが「悪魔のウイルス」なのだ。そこでＮＩＨ（アメリカ国立衛生研究所）のアンソニー・ファウチは、ダスザックを武漢に送り込んで、この研究を続けさせた。そしてダスザックは石正麗と２０１７年に、前述したとおり「コウモリ起源のＳＡＲＳ《サーズ》（をベースにした）ＣｏＶ（コロナウイルス）」を製造することに成功した。この成果は権威ある学術誌の「ネイチャー」Nature に発表されて、２人は学界で有名人になった。

実験に成功したから、それをどうしても使ってみたくなった。それで２０１９年10月に武漢で行なわれた世界軍人オリンピック（運動会）の機会に、アメリカの「フォートデトリック」研究所で培養したものを持ち込んで、武漢の食肉市場でバラ撒《ま》いた。そして中国を攻撃する戦争用の生物化学兵器（バイオケミカル・ウォーフェア・ウェポン）となった。

そしてアメリカの極《ごく》悪人たちは、自分たちが当然に作って持っているコロナウイルスを世界各地域に撒いて、この人類全体を相手にした人体実験を、固唾《かたず》を呑《の》んで見守ったのだろう。本当にこの者たちは悪魔である。人類にとっての大敵たちだ。私に今できることは、どんなに雑駁《ざっぱく》であれ、不正確であっても、とにかくこの大事件について本の中に急いで書いて残しておくことである。

■1ドル=1円の時代

話を金融・経済の場面に戻す。

お金をこんなに刷って増やして、これでいつまでうまくいくのだろうか。あるとき急にインフレが起きて、やがてそれがハイパー・インフレという形で襲いかかってくるだろう、と私はずっと予想している。それは3年後の2024年であろう。これまでずっと書いてきた。この考えに今も変わりはない。

そのときに日本政府は、通貨単位の切り上げをやる。円の価値を対外的《たいがい》に大きく引き上げる。リデノミネーション redenomination と言う。今の1万円札（福澤諭吉）を、この年に新しい1万円札（渋沢栄一）に新札切り替えをする計画がある。左のページにあるとおり公表している。このとき新1万円札を1000円札に「10倍に切り上げ」して発行するだろう。そのときにはドルが激しく暴落しているだろうから、それに対応する動きとして、日本円の切り上げを行なうのである。1ドルは、前述したとおり10円ぐらいまで激しく下落することがあり得る。円の値段（価値《ヴァリュー》）が10倍になるということである。

日本政府としては、このとき今の1ドル=111円などという「3ケタ」の為替相場で

redenomination

・リデノミネイション（通貨単位の変更）は3年後の2024年に実施

このとき、一万円が千円になるだろう

5000円札
津田梅子

1000円札
北里柴三郎

「日本政府、24年に紙幣デザインを刷新」

2019年4月9日　時事通信

日本政府は、2004年の前回の紙幣刷新は流通開始2年前の2002年8月に発表した。今回は5年前と大幅に早い。両替機や現金自動預払機（ATM）の準備を考慮して時間に余裕を持たせたという。新紙幣は、傾けると肖像が立体的に浮かび上がるホログラムを世界で初めて採用する……。

印刷開始　2021年9月1日

はなくて、10倍かける10倍で、100倍の切り上げを行なって、「1ドル＝1・1円」が目標となるのではないか。

今から160年前の幕末の日本では、日米通商《つうしょう》（トレイド・アンド・コマース）条約でアメリカ政府の圧力を受けて、メキシコ1ドル銀貨（「洋銀」と呼ばれた。スペイン帝国の通貨）4枚で、1両小判1枚が交換比率だった。銀貨《シルバーコイン》でなく金貨《ゴールドコイン》は、この4倍だった。だから1両＝1ドルだ。これが明治になって、明治4年（1871年）の「新貨条例」で、お金の単位が「両・分・朱」から「円・銭・厘」に変更された。このとき、1ドルは1円と決められた。

それが関東大震災のとき（1923年）に2・5円で1ドル。昭和に入ると、3・5円で1ドル。やがて金本位制（ゴールド・スタンダード）を廃止した1931年（昭和6年）には、1ドル＝5円だった。そして昭和恐慌に見舞われた。第2次大戦に向かうころ、1ドルは5円から6円にまでなった。

日本が敗《ま》けて戦争が終わった1945年（昭和20年）には、惨《みじ》めな敗戦国のハイパー・インフレで1ドル＝15円になった。3年後の昭和23年（1948年）に、270円である。そして翌昭和24年（1949年）に固定相場制になって、1ドル＝360円というみっともない仕打ちで決められた。敗戦国[illegible]日本は、破産国家から再出発した。もう一度、P27のグラフを見てほしい。

今は1ドル＝110円にまで円高に戻ってきている。今から10年前の2011年10月に、東京市場で1ドル＝75円という円高であった。アメリカの衰退で、ドル覇権《ヘジエモニー》（米ドルによる世界支配体制）が終わると、この75円という円高を超えて、1ドル＝60円、40円、20円、そして10円が出現する動きが見える。ドル暴落が起きるだろう。アメリカは、対《たい》日本で隠し持っている1400兆円（14兆ドル）ぐらいの累積の隠れ借金（日本政府がこの50年間、せっせと貢《みつ》いだ、外為《がいため》特別会計以外の裏帳簿の負債《デット》）がある。

これを返済できないし、する気もないから、踏み倒すと決めている。だから、それを外国為替の交換比率で調節することで、世界恐慌の動乱の最中《さなか》に1ドル＝10円にして、隠れ借金をすべて無《な》しにするだろう。そうしてアメリカ合衆国は、新しいアメリカ共和国《リパブリック》となって再出発する。そのときにはもうアメリカは、帝国《エンパイア》（＝世界覇権国《ヘジエモニック・ステイト》）であることをやめる。新しい世界覇権国は、中国になるだろう。

副島隆彦が見通す未来

私には、これがビジョン vision として見える。ビジョンとは、「先のことがありありと見える」という意味である。

スタンフォード大学教授だったジム・コリンズ Jim Collins が書いて世界中で1000万部のベストセラーになった『ビジョナリー・カンパニー』（1995年、日経BP社刊。原題は"*Built to Last: Successful Habits of Visionary Companies*"である）で、「これから大きく成長する会社は先が見えるのだ」とコリンズは書いた。今、作って売っている商品の、その次の商品が見える。それが確実に売れることが分かっている。世の中の変化に従って、もっともっと会社が大きくなるのが見える。それがビジョナリー・カンパニーである。ビジョンは、元々は、幻想、幻《まぼろし》、幻影のことだが、先が見えるということだ。

ジム・コリンズの先生が、ピーター・ドラッカーである。コリンズは「ドラッカーの後継者」と呼ばれた。コリンズは、「ドラッカーの主張は全部、正しい」と尊敬している。だからビジョナリー・カンパニーは、ドラッカーの経営哲学そのものなのだ。

日本企業が1950年代から激しく成長していったころ、ピーター・ドラッカーは、日本の企業家たちを励まして、日本の経済成長を最も正しく予測して当てた。だからドラッカーは、日本でものすごく好かれた。ドラッカーを崇拝《すうはい》する日本の企業経営者たちは今もたくさんいる。ドラッカーは２００５年に95歳で死んだ。先生（軍師）を失って日本経済も停滞して、その後もひどい追い詰められ方をしている。

4章　解体されるビッグテック

■ＩＴ規制論者の女性法学者が表舞台に登場した理由

アメリカ国内で起きている重要な問題のひとつは、ビッグテック5社（ＧＡＦＡ《ガーファ》＋ＭＳ《エムエス》。グーグル、アップル、フェイスブック、アマゾン、マイクロソフト）を規制しようという動きが、どんどん厳しくなっている、ということである。

この6月15日に、ＦＴＣ《エフティーシー》（Federal Trade Commission）「米連邦取引委員会」の委員長にリナ・カーン Lina Khan（32歳）という若い女性が選ばれた。このＦＴＣは、日本では独占禁止法を執行する公正取引委員会（公取《こうとり》）のような独立の国家機関である。

「ＩＴ大手規制論者のリナ・カーン氏、ＦＴＣ委員長に」

米連邦取引委員会（ＦＴＣ）は、6月15日（現地時間）、リナ・カーン氏（32）が同委員会の委員長に就任したと発表した。この発表の数時間前、米連邦議会上院がカーン氏のＦＴＣ委員長就任を承認する投票を行い、69対28（棄権3）で承認を決定したと発表した。

コロンビア大学法科大学院の准《じゅん》教授で、専門は独禁法のカーン氏は、3月にジョ

この若い女性学者が break up 5大ビッグテックを八つ裂きにして「分割公有化」する

リナ・カーン（32歳）
コロンビア大学法科大学院　准教授

写真：EPA＝時事

2021年6月15日、リナ・カーン Lina Khan 女史がFTC（米連邦取引委員会）の委員長に就任した。上院が承認した。

彼女は、5年前の27歳のときに「アマゾンの反トラスト・パラドックス」という論文を書いて、法学者たちの世界で大評判になった。従来の反トラスト法（日本では独占禁止法）の枠組みである、「商品は企業の競争で安いほどいい」に真っ向から反論した。そして巨大IT企業のアマゾンたちへの規制を主張。論争を巻き起こした。

アメリカはこの40年間、IT巨大企業を放ったらかして、世界を支配させた。ようやく今ごろになって、規制を言いだした。

ー・バイデン米大統領によってＦＴＣの委員に指名されていた。同氏は、２０１７年に、米Amazon.comの独占を批判する論文で注目を集め、ＩＴ大手規制論者として知られる。

対《たい》Amazonの論文では、「同社の小売事業を、販売プラットフォーム（引用者注。ウェブサイト上で、毎日、何億人もの人が見にくる、既成事実《デ・ファクト》化した独占的な窓口）から分離するべきだ」と主張した。かつて下院司法委員会による独禁法調査の顧問を務めた経験もある。

カーン氏は、発表文で「バイデン大統領によって私がＦＴＣを率いるために選ばれたことは非常に名誉なことだ。他の委員たちと協力して、巨大企業の横暴から国民を守ることを楽しみにしている」と語った。

（ITmedia　２０２１年６月16日）

彼女は大きな鼻をした、ちょっと浅黒い肌の女性だ。見るからにパキスタン系である。カーン一族という優秀な家系の出だろう。ロンドン生まれだが、両親がともにパキスタン人で、11歳のときにアメリカに移住した。イェール大学の法科大学院《ラー・スクール》を出た。

この32歳の女性をFTCの委員長にして、これから、ビッグテック5社を独占禁止法違反で締《し》め上《あ》げてやると、アメリカの国家体制が決断したということだ。独占禁止法違反で、ビッグテックを八つ裂きにして、解体《ブレイク・アップ》してやる、という大きな決定である。

アメリカ政府は、ビッグテック5社を break up「ブレイク・アップ」すると決めた。

英語で break up という言葉は、電気製品などをバラバラに分解し、解体することだ。ここで分かりやすく言うと、かつて日本で国鉄《こくてつ》をJR7社に解体再編した（1987年）「分割民営化」のことである。1985年に行なわれた旧「電電公社」のNTTへの再編のことだ。アメリカでブレイク・アップされたのが、AT&T《エイティアンドティ》（American Telephone & Telegraph Company）という電信電話公社（アメリカのNTT）である。

AT&Tは、文字どおり〝八つ裂き〟にされた（1984年）。AT&Tは、7つの地方電話会社とAT&T本体に分割されて民営化（私企業化）された。そのあと、AT&Tは、さらに研究部門のベル研究所と、製造部門のウェスタン・エレクトリックに分離して、ここは長距離電話事業だけを行なう会社になった。だから、ブレイク・アップは、本当に「八つ裂きにする」という意味なのである。

しかし、今回のビッグテック5社については、分割民営化ではなくて、「分割公有化」であろう。そして、それぞれ〝三つ裂き〟ぐらいだろう。この5社が、これから分割公有化されてゆく事態が始まった。ビッグテック5社は、その資金力の大きさ（上位3社は最高時、株価総額で2兆ドル＝200兆円を付けた）から、十分にディープ・ステイトの一角なのだ。だが、それでもこの5大新興財閥は、このたった40年間で急激に成長しただけの新参者の「通信屋《つうしんや》」に過ぎない。もっと本物の裏に隠れている大富豪たちからすれば、すでに十分に目障《めざわ》りだ、ということになった。

だから、このビッグテックの創業者《ファウンダー》たちをどんどん引退させて、テック企業の本体を国有化に近い形にして、中に溜《た》まっているうま味をたっぷりと搾《しぼ》り取ろう、ということである。そして奪い取った資金10兆ドル（1100兆円）ぐらいを、アメリカ政府が抱える財政赤字の穴埋めの一部にしようとしているのだ。ディープ・ステイトというのは、こういう悪魔のような連中だ。

だから例えば、1930年から威勢がよくなった東アジアの日本を、上手に騙して中国にぶつけて戦争をさせ、暴走させておいてから叩き潰して、日本を丸ごとアメリカの財産（お財布）にしてしまったことと同じだ。これぐらいのスケールで大きく大きく歴史（人類史）を見る目がなければ、本物の知識人とは言えない。私は独自に自力で奮闘して、ここまで見える（vision）ようになった。

そのための旗頭《はたがしら》のマスコット・ガールに、この自由の女神のような女性のリナ・カーンを押し立てた。

彼女は、大学院時代から論文を書いていて、「このままビッグテックを放置したら、健全な金融や経済秩序が危機にさらされる」と主張している。

リナ・カーンが6月15日にFTCの委員長になったとたん、フェイスブックのマーク・ザッカーバーグCEOが激しく彼女を攻撃した。「この女を辞めさせろ」と、露骨に直接攻撃を始めた。

「FB、カーン氏の除外要求　独禁訴訟で、米FTCに」

米交流サイト大手フェイスブック（FB）は、7月14日、米連邦取引委員会（FTC）に対し「我が社を提訴した独占禁止法違反の訴訟に、リナ・カーン委員長が関わらないよう求める」という要請文を提出した。カーン氏に関しては、米アマゾン・コムも「独禁法の調査から外れるよう」求めており、巨大ITの米規制当局に対する抵抗が激しくなっている。

ＦＢは要請文で、「カーン氏が公の場で一貫してＦＢが独禁法違反に当たると発言しており、係争中の案件を担当するのにふさわしくない」と主張した。

カーン氏は法学者で、巨大ＩＴ企業への規制強化論者として知られる。６月にＦＴＣの委員長に就任した。

（共同通信　２０２１年７月15日）

リナ・カーンの他にも、ジョシュ・ホーリィ Josh Hawley（41歳）という上院議員（ミズーリ州選出）が、ビッグテック５社を糾弾《きゆうだん》している（左の写真参照）。彼は今年の４月に「ビッグテックを解体せよ」という、改正独占禁止法の法案を提出した。そして、“*The*《ザ》 *Tyranny*《タイラニー》 *of*《オブ》 *Big*《ビッグ》 *Tech*《テック》”（『ビッグテックの専制政治《タイラニー》』（仮題））という本を出して、今年６月に、ニューヨーク・タイムズ紙のビジネス書部門でベストセラー１位になった。

この本は今年の１月にサイモン＆シュスター社から出る予定だったが、直前で出版中止となった。ホーリィはトランプ大統領支持派の秀才政治家で、バイデンが勝利した（ことになっている）２０２０年11月の大統領選挙について、「不正が行なわれた。私が選挙結

「ビッグテック5社を解体せよ」と法案を出したジョシュ・ホーリィ米上院議員

写真：EPA＝時事

ミズーリ州選出のジョシュ・ホーリィ上院議員は、州の司法長官あがりでトランプ支持派の秀才政治家だ。彼は今年の4月にビッグテック5社を厳しく規制する改正独占禁止法の法案を議会に提出した。

そして“The Tyranny of Big Tech”という本(左写真)を出して、ビッグテック5社の解体(ブレイク・アップ)を主張した。この本は今年5月に出版されると、たちまちニューヨーク・タイムズのベストセラー1位を記録した。

果に異議を唱えることは適切な処置だ」と議会で発言した。これが出版中止にされた理由だ。

出版を取りやめたサイモン&シュスター社は、「ホーリィ議員は私たちの民主政治と自由に脅威を与えた。そのため当社は、ホーリィ議員を支持できないという結論に達した」とコメントしている。このあと別のレグナリー社（ここも有名な出版社）が出版を引き受けて世に出た。この本の日本語版は、古村治彦氏の翻訳で、12月に徳間書店から刊行される予定である。

■膨張し過ぎたビッグテック

リナ・カーンを育てたのは、イェール大学の法学部で大学理事を務めている学者たちだ。彼らは保守派の法学者たちである。彼らは自由企業体制（フリー・エンタプライズ・システム）を何よりも大事にする。企業がやることに政府が干渉してはいけない、自由にやらせろという主義者である。どんな独占的な巨大企業が出現しても、そのサーヴィスや商品の値段が安くて消費者にとってよいものを提供するのであれば、それは独占禁止法違

世界時価総額ランキング
(2021年8月末)

国名	企業名	時価総額
1	アップル	2兆5555億ドル
2	マイクロソフト	2兆2265億ドル
3	グーグル(アルファベット)	1兆9200億ドル
4	サウジアラムコ	1兆8710億ドル
5	アマゾン・ドットコム	1兆7600億ドル
6	フェイスブック	1兆0640億ドル
7	テスラ	7220億ドル
8	バークシャー・ハサウェイ	6410億ドル
9	テンセント・ホールディングス	6025億ドル
10	台湾セミコンダクター	5823億ドル
11	エヌビディア	5700億ドル
12	ＪＰモルガン・チェース	4765億ドル
13	ジョンソン・エンド・ジョンソン	4600億ドル
14	アリババ・グループ	4600億ドル
15	サムスン	4500億ドル
16	ビザ	4443億ドル
17	ウォルマート	4165億ドル
18	ユナイテッドヘルス・グループ	3987億ドル
19	LVMH　モエ・ヘネシー・ルイ・ヴィトン	3798億ドル
20	ASML(オランダの半導体メーカー)	3512億ドル
23	バンク・オブ・アメリカ	3484億ドル
26	ペイパル・ホールディングス	3397億ドル
32	ファイザー	2623億ドル
35	ネットフリックス	2614億ドル
41	トヨタ自動車	2486億ドル
44	中国建設銀行	2334億ドル
45	エクソンモービル	2323億ドル

出所：田中貴金属の資料から作成

反ではないという考え方をずっと堅持してきた。

ところが、マイクロソフトやグーグルやアップルがやっていることは、もうそのレベルを超えてきた。日本でもインターネット代込みで、私たちは家族で月額3万円から4万円ぐらいのスマホ代金を払っている。それを菅義偉前首相は、「5000円でも1万円でも引き下げる」という政策を官房長官時代から言った。それで国民の支持を受けた。

私は家族3人（奥さんと息子）で、月に3万5000円から4万円ぐらいの通信料金をNTTドコモに払っている。これが国民にとっては公共料金（昔の電話代）と同じで、負担になっている。

中には、ゲーム代で月10万円ぐらい使い込むような子どもたちもいる。親は怒るが、それでも、スマホ経由でお金の請求が来たら払わざるを得ない。このお金を、ゲーム会社とビッグテック系の子会社のソフト開発会社とかプロバイダーが山分けしているのだろう。だからアメリカ政府は、ビッグテックを解体し分割して公有化（道路や橋と同じ）すると決めた。

このビッグテック5社の株式時価《じか》総額は、すでにアメリカの株式取引所（ニューヨーク証券取引所＝NYSE《ナイス》と、ナスダック。この二つから500銘柄を選んだ株価指数商品が

S&P500）の3割近くを占める金額になっている。P169の一覧表「世界時価総額ランキング」に示した。私が計算したところ、ビッグテック5社の株式時価総額の合計は12兆ドル（1300兆円）である。上場《リステッド》企業の総額はNYSE（24兆ドル）とナスダック（21兆ドル）で45兆だから、12÷45×10＝2・6666……で、やはり約3割である。

■アメリカが世界を支配する道具

このビッグテック5社の膨張を今まで放置したのは、アメリカの国家政策である。40年間にわたって放置した。税金もほとんど払わず、本社もあちこちの州を移動して逃げ回った。その他のネット企業（ウェブサイト、通信会社、およびスマホの開発）もほとんど非課税で優遇した。

アメリカが世界を支配するための新しい道具として、これらインターネット通信網と端末デバイスという「世界スーパーハイウェイ」をタダで使わせた。そして人々の生活がPC（ラップトップ）からスマホ（モバイル）に移ったころに、世界管理用の道具にしたのである。

そして今ごろになって、ようやく「税金を払え」という動きに出た。ヨーロッパのEU政府はこの10年間ぐらいビッグテック5社に税金をかけようとして、ずっと追いかけた。だがビッグテック側は、ルクセンブルクとかアイルランドとかの小さな国に本社所在地を移すことで逃げ回って、課税されないように動き回った。

EUの中の小さな国々は、それでもビッグテックから恩恵が受けられる。自分の国にお金が入るのでEU政府に逆らった。だから、EU政府はビッグテックから税金の取り立てがほとんどできない。

日本政府も、日本の国税庁が、例えば東京の目黒のタワービルにあるアマゾンの日本法人（アマゾンジャパン合同会社）に税務調査で行っても、対応する人間が出てこない。ようやく出てきたと思ったら、「直接、シアトルの本社に言ってください。そこで全部、財務や会計の処理をしています。日本では何も分かりません」という、ふざけた対応を取り続けた。

アマゾンの巨大な配送センターは日本全国にある。そこで働いている人たちがいる。しかし、財務や会計は公開されない。税金を払わないでビッグテックたちは40年間ここまでやってきた。

ビッグテック5社の株価の推移（この10年間）

グーグル（アルファベット）

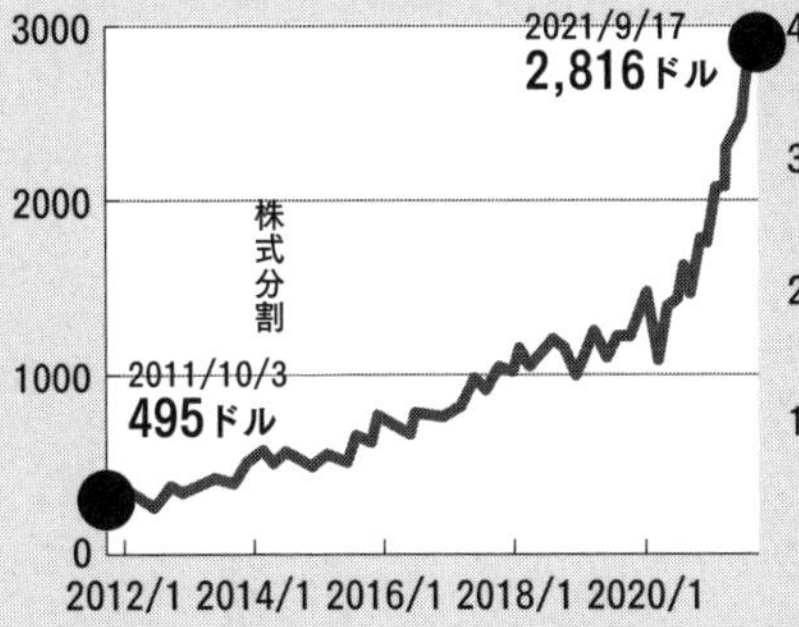

アマゾン

フェイスブック

アップル

マイクロソフト

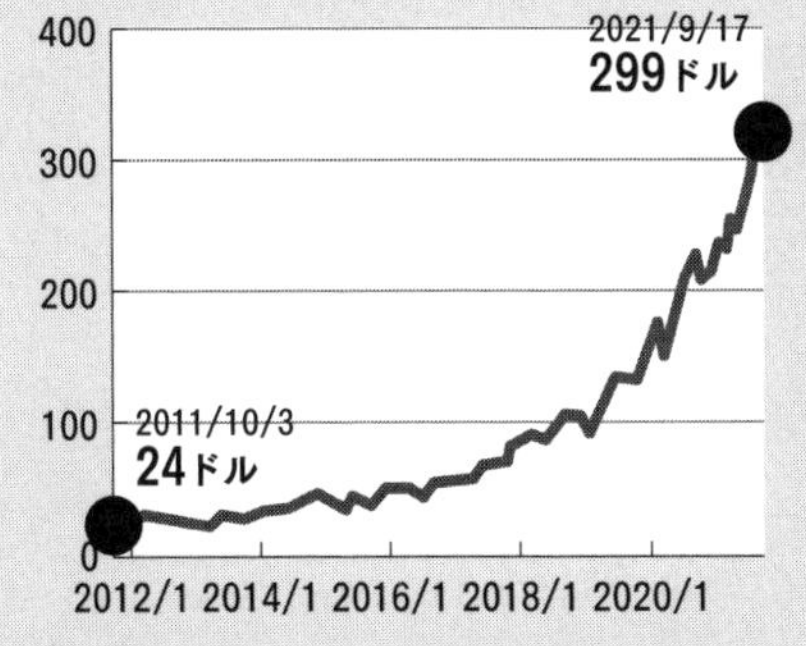

直近の10年間を見ても、ビッグテック5社の株価は“爆上げ”が続いた。グーグルとアップルは途中で株式分割をしたので、単価は下がったが、それでもそのあとは値上がりしている。これらに投資したウォーレン・バフェットのバークシャー・ハサウェイは、世界企業時価総額ランキングで8位に入った。

これは前述したように、アメリカの国家政策だ。外国に駐留する米軍が軍事力や核兵器で押さえつける以外に、この先端通信のサーヴィスから上がる収益を、アメリカが独占することで、アメリカの世界支配が続いてきた。それに挑戦して、中国や韓国の企業が這《は》い上がってきている。

■「中国のテック企業規制は正しい」とバフェット

日本人は、5大ビッグテックの株など、誰も買っていない。買おうにも買いようがない。P173にグラフを載せたとおり、ビッグテック5社の株価は、ピッタリとこの10年で10倍。5年で5倍と、ものすごい勢いで上昇した。これに投資したウォーレン・バフェットのバークシャー・ハサウェイ社が、世界の企業番付では、ビッグテックに続いて8番目に入っている。私の前の本である『目の前に迫り来る大暴落』（2021年7月、徳間書店刊）で説明した。

この本でも、ウォーレン・バフェット（91歳）という、絶対に一般投資家たちを騙《だま》すことなく教訓を垂《た》れてきた〝(ネブラスカ州) オマハの賢人《オラクル》〟の老練《ろうれん》な投資家と、その同僚で副会長のチャーリー・マンガー（97歳）の発言を続ける。

チャーリー・マンガーが、「中国のテック会社、巨大通信会社がやっていることに中国政府が規制をかけると決断したのは正しい行動である」と6月29日に発言したことが重要だ。これが周囲に大きな影響を与えた。それは、アリババのジャック・マー前会長が、中国政府（中国共産党）に呼びつけられて「通信金融でおかしなことをするな」と叱られたことに対しての発言である。

「ジャック・マーを黙らせたのは正しい、米バークシャー副会長が中国政府を称賛」

米投資会社バークシャー・ハザウェイのチャーリー・マンガー副会長（97）は、CNBCのインタビュー番組で、「中国のネット最大手アリババグループの創業者であるジャック・マー（馬雲）氏を黙らせた」として同国政府を称賛し、「米国の金融規制当局も中国に倣《なら》ってほしい」と述べた。著名投資家のウォーレン・バフェット氏の長年の友人であるマンガー氏は、6月29日の夜に放送された特別番組に出演。その際、「イノベーション（技術革新）を窒息させる」として中国政府当局者を昨年批判したマー氏への対応について、「共産党員は正しいことをした」と述べた。

マー氏は一連の批判を展開して以来、公《おおやけ》の場に姿を現すことが大幅に減っている。一方で中国政府は、アリババ系金融会社アント（蟻《あり》）・グループに対する新規制を発令し、アントは、待望していた新規株式公開（IPO《アイピーオウ》）の延期を強《し》いられた。同副会長は、「中国政府は、要するにジャック・マーを呼び出して『そんなことをやってはだめだ』と言った訳だ」と指摘。（略）同副会長は「われわれが享受する、自由に起業できる素晴らしい経済体制は、正気でない人々がひどく行き過ぎることも許容する。だが中国は投機《スペキュレイション》（バクチ行為）を止めるために機先を制して介入する」と指摘した。

またコロナ危機に対する中国の姿勢も称賛し、「全体主義国家として、同国はパンデミック（疫病の世界的大流行）への対応で、シンプルに国を6週間閉じるという特権を持っていた」と力説。「それはまさにやるべき正しいことだと私は分かった」と話した。

（CNN　2021年7月1日　注記は引用者）

「中国政府のテック企業規制は正しい」。この発言がアメリカに波及した

写真：AFP＝時事

ウォーレン・バフェットの長年の友人で、バークシャー・ハサウェイの副会長を務めるチャーリー・マンガーが「中国共産党が、ジャック・マー（馬雲、アリババ創業者）を黙らせたのは正しい」と発言した。今年6月29日、CNBCのインタビュー番組でのことだ。

ジャック・マーは子会社のアント・グループの株式上場を計画していたが、中国政府はそれを規制して禁止した。チャーリー・マンガーは「中国政府は投機を止めるために、機先を制して介入する」とも述べた。この発言がアメリカに波及した。

アント・グループというアリババの子会社がある。ウォレット（財布）というスマホの機能で、金融貸付までやる通信会社だ。これをジャック・マーが株式上場して、3兆円の市場価値が出るのを中国政府は禁止、やめさせた。その後、滴滴（ディディ）という配車サーヴィス会社の上場も、呼びつけて叱ってやらせなかった。

もうひとつ中国政府は、アリババと同格の中国の巨大テックのテンセント（騰訊）のCEOのポニー・マーを叱《しか》った。テンセントの子会社のウィーチャットペイ（WeChat Pay 微信支付《ウエイシンジーフー》）というモバイル決済サーヴィス機能が、そのまま中国の世界戦略である「デジタル人民元」の一翼になるべきなのだ、と考えている。

そのために、中国のテック企業の株価の下落が続いている。これらの中国企業に大きくお金をぶちこんでいる孫正義《そんまさよし》のソフトバンクの、もうほとんど金融投資会社になりきったSVF（ソフトバンク・ビジョン・ファンド）が、危なくなってくる。SVFは中国のテック企業に投資して利益を出してきた。

もしソフトバンク（孫正義）が危なくなったら、みずほ銀行が17兆円ぐらいソフトバンクに貸し込んでいるから、一緒に危なくなる。そうなると日本政府として、みずほ破綻を

世の中からデジタル・マネーでお札(紙幣)を消そうとしている

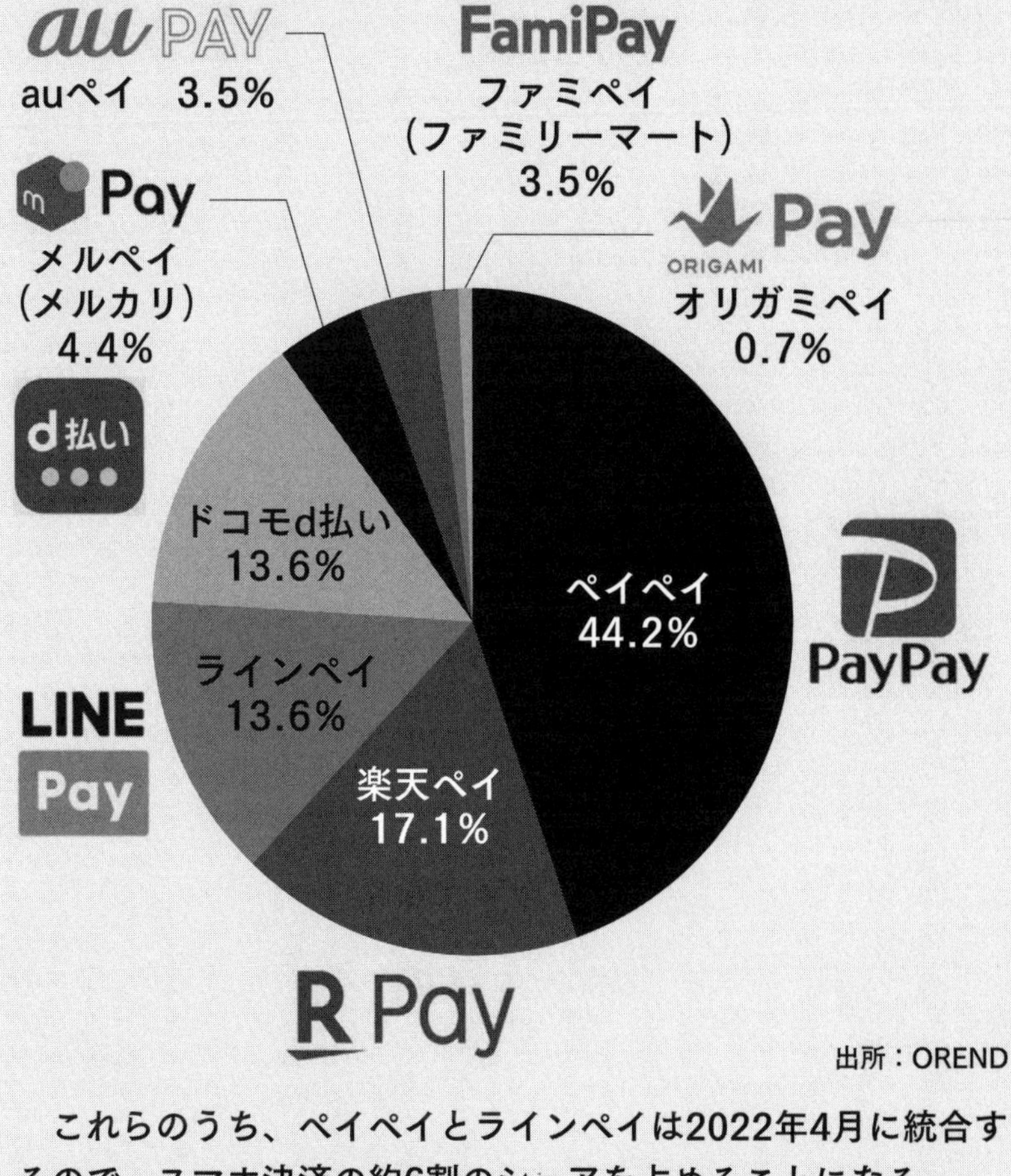

出所：OREND

これらのうち、ペイペイとラインペイは2022年4月に統合するので、スマホ決済の約6割のシェアを占めることになる。

それからオリガミペイを運営するOrigamiは、メルカリの子会社となり、2020年6月でサービスを終了した。これでメルペイのシェアも全体の5%になった。

阻止しなければいけない。

ところがもっと大きな視点からは、中国政府が孫正義のソフトバンクを守っているという見方が出てくる。

日本では、2018年に、ソフトバンクとヤフーの合弁《ごうべん》で、「ペイペイ」PayPay Corporation というモバイル決済の会社が出来た。このペイペイが今年、同じモバイル決済をやってきたＬＩＮＥ《ライン》の「ラインペイ」LINE Pay Corporation を、経営統合《コンソリデイション》という形で吸収した。だから東京オリンピックの最中に、ペイペイの加盟店でラインペイも使えるようになったのだ。

こうして孫正義たちは、デジタル・マネーとデジタル決済をどんどん推進していく。孫正義の背景には、中国政府がいると言われている。

■ＳＢＩ「第４のメガバンク構想」の裏に……

同じく、ＳＢＩ《エスビーアイ》（旧ソフトバンク・インベストメント。今はソフトバンクグループから離れた）の北尾吉孝《きたおよしたか》という押しの強い柄《がら》の悪い男がいる。北尾は今、「地銀《ちぎん》連合」と言って、日本の地方銀行を次々にガバガバと統合している。すでにＳＢＩの子会社である「ＳＢＩ地銀ホールディングス」が、福島銀行、島根銀行、大東《だいとう》銀行（福島県郡山市）、清水銀行（静岡県静岡市）、筑邦《ちくほう》銀行（福岡県久留米市）に出資して、傘下に収めた。

北尾は、こうして地銀連合を作ることを「第4のメガバンク構想」と言っている。

現在、日本全国に64ある地方銀行を、地銀は一つの県に一つあればいいと考え、小さな県の場合は、三つ集めて1行でいいというぐらいまで、どんどん統合する企《くわだ》てである。それを財務省が後押《あとお》ししているというのである。地銀は一般国民向けの住宅ローンの窓口や決済、送金とか預金の窓口になれば、それでいいのだという考えだ。ただでさえ、小口《こぐち》の公共料金の支払いや送金などは、コンビニがやるようになって、いよいよ銀行は肩身が狭くなっている。

日本には、地銀の他に、昔の相互銀行から普通銀行に転換して「第二地銀」と呼ばれる銀行が38。信用金庫が254。さらに145の信用組合がある。これらの小さな金融機関がまだまだある。これで日本の金融秩序が作られている。北尾吉孝のＳＢＩの「地銀連合構想」は、この日本の金融秩序を作り変える動きである。どうもこの裏側にも中国政府がいると言われている。

北尾は、新生銀行の買収に乗り出した。記事を載せる。

「ＳＢＩ、新生銀行にＴＯＢ」

インターネット金融大手のＳＢＩホールディングスは、９月９日、完全子会社を通じて新生銀行の「株式公開買い付け」（ＴＯＢ《ティーオウビー》）を始めると発表した。ＳＢＩは、既に新生銀株式の約20％を保有する筆頭株主で、約１１６４億円を投じてグループの出資比率を最大48％まで高め、連結子会社化を目指す。ＳＢＩは新生銀と事前協議をしておらず、新生銀の対応次第では敵対的《てきたいてき》ＴＯＢ（引用者注。乗っ取り）となる可能性がある。

新生銀は９月９日、今回のＴＯＢについて「事前の連絡を受けておらず、当行取締役会の賛同を得て実施されたものではない」とした上で、「当行の意見は、決定次第改めてお知らせする」とのコメントを発表した。

（共同通信　２０２１年９月９日）

ＳＢＩは、このように新生銀行を傘下にして、「第４のメガバンク」を作ろうとしている。このＳＢＩの動きに対して、新生銀行は対抗手段に出ている。だが、おそらく北尾の勝ちだ。北尾ＳＢＩが推し進める「地銀連合」と孫正義ＳＢの「ペイペイ」のモバイル決済の両方から、日本の金融秩序は大きく中国の「デジタル人民元」（ＣＢＤＣ）の枠組みの中に入ってゆくだろう。もうアメリカがこれを邪魔する力はない。

■ビル・ゲイツに天罰が落ちた

Ｐ174で前述したウォーレン・バフェットは、今年の6月に「ビル&《アンド》メリンダ・ゲイツ財団」の理事を辞めた。ＣＮＮのニューズを載せる。バフェットは、自分がビル・ゲイツにまんまと騙《だま》されて、これまでに３００億ドル（３・４兆円）を支払った。この慈善団体（フィランソロピー）である「ビル&メリンダ・ゲイツ財団」から自分の資金を取り戻す行動に出た。

「著名投資家のバフェット氏、ビル・ゲイツ氏の財団の理事を辞任」

米著名投資家ウォーレン・バフェット氏が6月23日、米マイクロソフト創業者のビル・ゲイツ氏とメリンダ元夫人が運営する「ビル・アンド・メリンダ・ゲイツ財団」の理事を辞任したと発表した。

声明でバフェット氏は、辞任の理由について明らかにしなかったものの、すでに自身が率いる投資会社バークシャー・ハサウェイ以外の全ての役職から退任したと記している。また同財団の最高経営責任者（CEO）として新たにマーク・スズマン氏が選出されたことは「実に素晴らしい」とし、「全面的な支持」を表明した。

「私の目標は100％、同財団のものと一致しており、この目標の達成のために私が直接参加する必要はない」としている。バフェット氏とビル・ゲイツ氏は親密な間柄で知られている一方、ゲイツ氏とメリンダ元夫人は1カ月前に離婚を発表。ビル・ゲイツ氏はその後、数十年前にさかのぼるマイクロソフト社従業員らとの不適切な振舞いについて報じられていた。

（CNN　2021年6月24日）

ビル・ゲイツが、ビッグテックの筆頭として、何をやったか。コロナウイルスを研究者たちに作らせて、それを世界中にバラ撒く大《だい》事業をした。そのための最大の資金提供者と

GAFA《ガーファ》+MS

ビッグテック5社がトランプ政権打倒の資金源で司令塔だった

Google
エリック・シュミット

Apple
ティム・クック

5人のCEOのうち下の3人は、幼児を大量殺害して生贄の儀式をした“ジェフリー・エプスタインの悪魔島”の仲間である。

Facebook
マーク・ザッカーバーグ

Amazon
ジェフ・ベゾス

Microsoft
ビル・ゲイツ

なった。そしてワクチン開発と投与（接種）という、恐ろしい大量の人間殺しに加担した。

P149の世界の大《だい》製薬会社たち（ビッグ・ファーマ big pharma ）の一覧表と相関関係の図をしっかり見つめてほしい。そして、この1年半、毎日、毎日、「今日の感染者は5000人。重症者2000人。感染者の合計170万人」というNHKの「大本営《だいほんえい》発表」の元《もと》（出所《しゅっしょ》）になっているのがジョンズ・ホプキンス大学だ。この米メリーランド州（首都ワシントンの隣）にある〝悪の巣窟《そうくつ》〟のジョンズ・ホプキンス大学に、最大の資金を出しているのもビル・ゲイツであるということが判明した。本当にワルいやつだったのだ。

そして、天罰が落ちた。奥さんのメリンダと長女が「あなたは、幼児たちをたくさん殺した儀式《リチュアル》に参加したでしょう」と怒り狂って糾弾した。そしてメリンダとの離婚裁判になって7兆円（7000億円の10倍）を払った。これらの事実については、拙本『裏切られたトランプ革命』（2021年4月刊。秀和システム）に詳しく書いた。この本は歴史に残る文書証拠となるように、私は精魂を込めて書いた。

エアコン事業に乗り出すイーロン・マスク

ウォーレン・バフェットがゲイツを蔑《さげす》んだのと対照的に、評価している人物が、テスラTesla のイーロン・マスクである。イーロン・マスクは、1999年（28歳のとき）からペイパル PayPal という初期のネット・バンキングの仕組みを作った〝ペイパル・マフィア〟PayPal Mafia と呼ばれる集団に参加していた。ピーター・ティール Peter Thiel という男がペイパル・マフィアの頭目《とうもく》だ。前述した。

ピーター・ティールは、マスクがやっている宇宙ロケット打ち上げビジネスの「スペイスX」Space《スペイス》 Exploration《エクスプロレイション》 Technologies《テクノロジーズ》 に対してお金を出している。マスクがそれを資金繰りで苦しいときにテスラ Tesla のEV《イーヴィ》 Electric Vehicle の開発に流用して苦々《にがにが》しく思っていた。だが2人は仲がいい。マスクの宇宙ロケットは、地上（高度）105キロまでしか行けない。月まで周回できるなんてウソ八百である。

マスクのEVテスラ車は今、工場をガンガン世界各地に建てて、そこで生産する電気自動車がものすごい勢いで売れている。テスラはビッグテックではない。

テスラ社（旧テスラ・モーターズ）は、Ｐ169の表で分かるとおり、世界大企業番付《レイティング》で7位にまでなった。バークシャー・ハサウェイ社の上だ。時価総額で一気にトヨタを抜いたかと思ったら、トヨタの3倍になった。

ただ、トヨタも負けてはいない。9月7日に株価が1万円を超して（1万0007円）、このとき時価総額が33兆円になった。トヨタの発行済み株式の数は、33億株（普通株式32億6299万7492株）だから、33億株×1万円＝33兆円なのである。これは覚えておくべき数字だ。ここまで上がった。トヨタのこの33兆円（売り上げは年間27兆円）で、おそらく日本国民の5％を食べさせている。日本の自動車業界全体で、「550万人の雇用がある」と社長の豊田章男《とよだあきお》が言った。だから、私たちは、「トヨタの株は合計で33兆円」という数字を基準にして、株価や金融の世界のことを分かるための道標《どうひょう》（みちしるべ）とすべきなのである。

マスクは、ＥＶの次はエアコンを作って、世界中に売り出そうと考えている。私はピンと来た。くだらない話のようにも思えるが、**自動車の次はエアコンである。**

日本国内ではエアコンがほとんどの家庭に行き渡った。安いものはたった3万円で買え

テスラの工場は世界中で建設中

ドイツ・ブランデンブルクのギガ・ファクトリーを訪れたイーロン・マスク(2021年9月)

左はブランデンブルクの工場で製造されたテスラの「モデルY」。ハリウッドセレブや中国の富裕層が買う。
写真：dpa／時事通信フォト（2点とも）

イーロン・マスクは、ビッグテックではない。EV(電気自動車)を作って世界中で売っている。ここには実需がある。中国のテスラ車は普及車(60,000ドル。600万円)のものが売られている。

る。取り付け料が1万円かかる。ところが世界中を見渡したら、熱帯や亜熱帯地方の多くの国々が、まだまだエアコンを欲しがっている。アジア諸国だけでなく、砂漠地帯が広がる中東アラブ世界やアフリカ諸国、さらには中南米の諸国までもエアコンの需要はある。考えてみれば分かる。

人類は宇宙へなんか行けないし、海底に住むわけにもいかない。地面をいくら掘っても、やはり人間の住む世界ではない。太陽（お日《ひ》さま）が有難《ありがた》い。太陽こそは、人類が拝《おが》み続けた本当の神さまなのである。宗教なんか要《い》らない。これからは新興国と発展途上国向けに、高性能のエアコンをがんがん作って売ることが大きなビジネスになる。

エアコン専業でものすごく優秀な会社は、日本のダイキンである。ダイキンは中国で成功したあと、インドやブラジルでも伸びている。最初はオフィス（商業ビル）用の大型エアコンから始まったのだが、いまでは家庭用のエアコンを大手電機会社と肩を並べて作っている。

ダイキンは面白い会社である。1924年（大正13年）に創業して、1934年（昭和9年）には住友《すみとも》グループに入ったが、やがて資本独立した。戦後の1951年（昭和26年）に日本で初めてエアコンを開発した。20年ぐらい前に、松下（パナソニック）がダイキンを欲しがった。しかし、ダイキンは絶対に身売りをしなかった。ダイキンは空調設備の売り上げでずっと世界一である。

エアコンは、これから世界的に伸びる産業品目である。世界中の後進国や新興国が、今から大量のエアコンを新規に購入する。古くなったら買い換える。

これからエアコン（空調設備）が伸びると気づいたイーロン・マスクは、頭がいい。このことを伝える記事を書いたのは加谷珪一《かやけいいち》氏である（文を後掲する）。考えてみれば自動車には必ずエアコンが付いている。マスクが自分のEVを開発しながら、目の前にあるカーエアコンのことを考えなかったはずがない。宇宙へ、なんか行けはしないのだ。何を寝言《ねごと》のように、「大金持ちたちは宇宙に行きたい」などと宣伝しているのだろうか。

■ジェフ・ベゾスは本当に「宇宙」へ行ったのか

イーロン・マスクは、宇宙開発のスペイスXという会社を経営している。この会社は民間の宇宙開発事業で先頭を走っている。この9月19日に世界で初めて、民間人だけを乗せた宇宙船の打ち上げ「インスピレーション4」Inspiration 4 に成功した。この宇宙船は地球周回軌道を３日間、回ってから地上に着陸した。

これに対して、アマゾンのジェフ・ベゾスは、自分のブルー・オリジン Blue Origin という宇宙開発会社をやっていて、7月20日に自分も宇宙船に乗り込んで10分間の宇宙飛行に成功した、と報道された。その9日前の7月11日には、イギリスの実業家で大富豪のリチャード・ブランソン（ヴァージン・グループ会長）が、自分の会社（ヴァージン・ギャラクティック Virgin Galactic ）の宇宙船に乗って、80キロ上空まで飛んで帰ってきた。ベゾスのほうは地上１０５キロまで行ったという。

ところが、ベゾスの〝宇宙飛行〟は、インチキだと疑問の声が出ている。「地上１０５キロまで飛んで、パラシュートで帰還するなんてありえない」「ライブ配信した打ち上げの映像は合成のフェイクだ」と。

拙本の前著『目の前に迫り来る大暴落』（２０２１年7月、徳間書店刊）で書いたが、Ｚ《ゾ》ＯＺ《ゾ》Ｏ（タウン）の経営者だった前澤友作《まえざわゆうさく》が、「私も月旅行に行きたいです」と、イーロン・マスクにポンと10億ドル（１０００億円）を差し出して、10人分のチケットを買った。前澤は２０２３年までにスペイスXの宇宙船で月を周回する計画だと発表している。

ベゾスの「宇宙飛行」は疑われている

写真：AFP＝時事

アマゾンのジェフ・ベゾスは自分のブルーオリジン社の宇宙船「ニュー・シェパード」号で地上105キロまで飛んで、テキサス州に着陸したことになっている（2021年7月20日）。しかし、フェイクではないかと怪しまれている。

日本の前澤友作は、12月8日から12日間、ロシアのISS（国際宇宙ステーション）に行く計画で、シミュレーターを使って訓練する様子を公開した。

写真：前澤友作ツイッター（@yousuck2020）

その前に前澤は、今年の12月8日にロシア製のソユーズに乗って、「国際宇宙ステーション」ISS《アイエスエス》（International Space Station）に行くことも発表した。

「ZOZO創業の前沢氏、国際宇宙ステーションへ　今冬」

ロシアの宇宙機関ロスコスモスは5月13日、衣料品通販サイト運営会社「ZOZO」の創業者で、実業家の前沢友作氏（45）が、12月8日、ソユーズ宇宙船で国際宇宙ステーション（ISS）に出発する予定だと発表した。民間人を対象とした宇宙旅行ビジネスの一環。ISS滞在を含め12日間の予定になるという。

（朝日新聞　2021年5月13日）

ISSは、アメリカ、日本、ロシア、カナダ各国と、ヨーロッパのESA（欧州宇宙機関　European Space Agency）が共同で運用してきた。地上400キロの軌道を時速2万8000キロで飛び、約1時間半で地球を1周する。

ISSは、再来年で計画終了する。すでに空気漏れするオンボロである。廃棄処分する前にロシア政府は、お金を稼ぎたい。だから、一人50億円（5000万ドル）ぐらいで、民間人の大金持ちたちを乗せて、宇宙ビジネスをやりたいのだ。これが「人類の宇宙への夢」の結末である。

前澤が乗るソユーズ号は、マスクのスペイスXとは別の、ヴァージニア州のスペイス・アドヴェンチャーズ Space Adventures という会社が打ち上げる。だから前澤は、この会社にも10億円単位の搭乗代を払ったのだろう。私は天然パーである前澤友作の努力と根性を甘く見ない。

人類は月に行けない

どうもイーロン・マスクは、考え込んでいる。「俺も一緒に宇宙に行かなければいけないのか」と。本心はビビり上がっているらしい。保険会社がマスク個人の生命保険を引き受けるだろうか。

イーロン・マスクの個人資産は、今年1月に、瞬間的に2000億ドル（20兆円）を超えた。このとき、マスクは世界一の大富豪になった。ジェフ・ベゾスを追い抜いた。今は1700兆ドル（18兆円）ぐらいである。

この18兆円の資産をカバーする保険でなければ、宇宙へは行けない。バークシャー・ハサウェイの株式総会のとき、株主たちからの質問で「マスクの生命保険を引き受けますか」と聞かれた。会長のウォーレン・バフェットが、「マスクに私に電話するように言ってくれ。彼と相談する」と答えた。さすがに世界レベルの大物たちの会話は堂に入っている。

バフェットは、ネブラスカ州のオマハにいて、一代で世界一の投資家になった。本当は保険会社業で伸びたのである。大都市シカゴのそばで、オマハは保険業で有名な都市である。保険業というのは、「何かあったときには保険金を払います。その代わり毎月の掛け金を払ってください」という商売だ。ユダヤ人のビジネスは歴史的に保険業《インシュアランス》から始まった。保険業で大きくなったのが、実はバークシャー・ハサウェイなのである。

前澤友作はマスクのスペイスXと2023年までに月を周回する契約を結んだ。しかし月へなど行けるわけがない。人類の今の技術力では、36万キロ先の月まで無人ロケットを飛ばして周回して地球に帰って来るだけの技術力はない。探査衛星というのは、行った先の天体（星）の画像を地球まで送信したら、そのあとその星に落ちて衝突する。か、あるいは周回軌道から離れて宇宙の藻屑《もくず》になってしまうのである。

今から52年前の1969年7月20日の、アポロ11号の月面着陸は、人類を欺《あざむ》いたアメリカ国の大《だい》犯罪である。人類の月面着陸は無かった。52年後の今でも出来はしない。私が書いた『人類の月面着陸は無かったろう論』（2004年6月、徳間書店刊）を今からでも読んでほしい。「本当に人類は月に行ったんだー」とムキになって私に言う人たちも、そろそろ自分の頭を作り変えなさい。

地球の大気圏（空気がある）は地上100キロまでのことを言う。4つの層がある。地上10キロまでが対流圏《たいりゅうけん》で、10キロから50キロまでが成層圏《せいそうけん》。50キロから80キロまでが中《ちゅう》間圏《かんけん》。80キロから100キロまでが熱圏《ねつけん》。そして100キロのところに絶対圏《ぜったいけん》（アウター・リミッツ outer limits）というのがある。このたった100キロから先（上）を、なんとみっともないことに宇宙（アウター・スペイス outer space）と呼んでいる。

その先、地上2000キロから5000キロまでが、「ヴァン・アレン帯」Van《ヴァン》 Allen《アレン》 radiation《ラディエイション》 belt《ベルト》 である。ヴァン・アレン帯は二重構造になっていて、もうひとつ外側のものは1万キロから2万キロにかけて広がっている。ヴァン・アレンという学者が発見した。

このヴァン・アレン帯は恐ろしい高《こう》放射線の帯《おび》だ。生物は一瞬のうちに融けて死滅するだろう。ヴァン・アレン帯よりもずっと向こうの、36万キロのところにある月には、人類が行けるわけがない。「いやロボットなら着陸できる」と半分本気になっている。中国が、ロボットを月面に降ろす、と言っている。空気抵抗がない月面に、どうやってゆっくりと着陸できるのか。私は、これらの問題の、ある意味では、専門家なのである。

孫正義が迎える危機とは

前述した孫正義のソフトバンクは、2024年に大きな危機を迎えるだろう。

なぜなら、SVF(ソフトバンク・ビジョン・ファンド)がやっていることが、危なっかしい。〝本当に内容と実《じつ》のある新技術が新発明であるかが怪しい。

SVFが新技術を評価、値踏みしているのは、ヴァリュエイション valuation での金額である。「この技術はすごい。1000億円(10億ドル)の価値がある。この技術が応用されて製品になったら、十分に10億ドルの価値がある」と自分たちで勝手に評価(ヴァリュエイション)して、言いふらして、投資家を引き付けて未《み》公開株を売りつけている。

しかし、新技術の本当の価値の評価は、エヴァリュエイション evaluation でなければならない。「価値の再評価価格」である。株式上場して本当に市場でインチキでなく、値段が付いたときの評価額だ。それがエヴァリュエイション価格である。

ＳＶＦには、このエヴァリュエイションがない。自分たちで勝手に、太鼓を叩いて騒いで、評価しているだけだ。だから化《ば》けの皮が剝《は》がれたら一気に落ちていく。ただし、私が前に書いたとおり、中国政府が孫正義を守っているという見方がある。だから、中国の動き次第でどうなるかは、まだ分からない。

この孫正義に対して、イーロン・マスクは、なんだかんだ言っても、とび抜けたデザインのＥＶ電気自動車を作っている。最初は２０００万円（20万ドル）ぐらいしたが、今は６００万円（６万ドル）ぐらいで買える。この電気自動車（ＥＶ）が世界中で売れている。

「テスラのEV販売、四半期ベースで過去最多を更新」

米テスラは、４月２日、２０２１年１～３月期の電気自動車（ＥＶ）世界販売台数が前年同期比２・１倍の18万４８００台になったと明らかにした。四半期ベースでこれまでの最高だった20年10〜12月期の18万５７０台を上回った。

同社は、中国工場で生産した小型ＳＵＶ（多目的スポーツ車）の納車を21年1月に開始した。テスラのザック・カークホーンＣＦＯ（最高財務責任者）によると、同モデルの中国での売れ行きが好調だったという。米ＣＮＢＣは、1〜3月期の世界販売台数は市場予想の16万８０００台も上回ったと報じている。

同四半期の車種別の販売台数は、小型車の「モデル３」と小型ＳＵＶ「モデルＹ」の合計が前年同期比２・４倍の18万２７８０台。一方、高級セダン「モデルＳ」と高級ＳＵＶ「モデルＸ」の合計は同83％減の２０２０台にとどまった。同四半期は、モデルＳとモデルＸの製造をしておらず、在庫分の販売に限られた。

（JBpress　２０２１年4月6日）

だがＥＶで騒ぐ時代は終わった。ＥＶのことは、だんだん話題にならなくなるだろう。それよりも次はこれである。

次の時代のエネルギーの姿

前述したとおりイーロン・マスクは、エアコン事業に乗り出す。私は次の文を読んで、このことに気づいた。加谷珪一《かやけいいち》という若手の気鋭の経済評論家の文である。

「テスラ家電」「アップル自動車」の破壊的イノベーションに備えよ

コロナ危機の深刻化で各企業は業績低迷に苦しんでいるが、こうした状況にもかかわらず、水面下では想像を超えるイノベーションが進行している。気が付いたときには、多くの業界で主役が交代しているかもしれない。

電気自動車（ＥＶ）大手のテスラは、家庭用エアコン事業への参入を検討している。正式発表はないが、イーロン・マスクＣＥＯは「家庭用エアコン事業を２０２１年に始めるかもしれない」と発言しているので、何らかの準備をしているのは間違いないだろう。ＥＶメーカーのテスラがなぜ家電に進出するのか、いぶかしむ声もあるが、マスク氏の本当の狙いが分かればその意味もハッキリしてくる。

ＥＶの基幹部品であるバッテリーは、かつて日本メーカーの独壇場だった。だが厳しい使用環境に耐える大容量バッテリーの開発は難航し、この壁を乗り越えたのが、バッテリーについて何の技術も持たないテスラだった。同社は持ち前の高度なソフトウエア技術を駆使し、既存の電池セルを流用する形であっという間にＥＶ用大出力バッテリーを開発してしまった。

つまりテスラの中核技術は自動車ではなくて電力を制御するソフトウエアにある。テスラは再生可能エネルギーの普及を見込み、太陽光パネルに接続できる家庭用蓄電池システムを商品化しており、日本国内でも既に販売している。

再生可能エネルギーが主流になれば、多くの世帯がバッテリーや発電設備を備え、相互接続されるのは確実である。広域分散電力システム（いわゆるスマートグリッド）の安全な運用のカギはソフトウエアであり、テスラはその中核技術を握っている。

トヨタは電気自動車EVの次の無限エネルギーfree energy《フリーエナジー》をすでに発明している

富士スピードウェイを走る水素エンジンのカローラ(写真：時事)

よく・・・全員の力で完走まで持っていけたと思います

豊田章男社長は、ドライバー「モリゾウ」として、自ら水素自動車を運転する

写真：YouTube トヨタイムズ

トヨタは水素エンジン車で24時間耐久レースに出場して、完走した。世界初である。この技術がフリーエネルギーにつながる。

つまり、ＥＶや家電製品、バッテリー、太陽光パネルは全て「電力」というキーワードを介して相互に結び付くことになり、テスラはこの分野での圧倒的なナンバーワンを狙っているのだ。（後略）

（加谷珪一　ニューズウィーク誌　２０２１年２月３日　傍点は引用者）

優れた文章である。これで次の時代のエネルギーの姿が見えてきた。「電力（電気エネルギー）を制御するソフトウエア」が鍵となる。テスラが製造するＥＶにもエアコンが付いている。テスラは、ここの部分でも多くの特許をすでに持っているだろう。

実はトヨタ自動車は、すでにＥＶを乗り越える新しい技術を開発している。トヨタはハイブリッド車（ＨＶ）「プリウス」を作って、この技術の特許をすべて無料で公開している。大切な特許の束《たば》をタダで使わせるだけの自信があるということは、次の技術をすでに持っているからだ。

それは free energy フリーエネルギーである。原料代がタダで手に入る無限エネルギーである。このフリーエネルギーが、もう出来上がっているようだ。エネルギーがタダで手に入れば、理念としては人類（人間）は働かなくても生きてゆける、ということだ。ただし、おそらく貧富の差はなくならないし、権力者（支配者《ルーラー》）による民衆《ピープル》の支配というのは残り続けるだろう。

トヨタは２０１４年に、ＭＩＲＡＩ《ミライ》という燃料電池自動車 Fuel《フユーエル》 Cell《セル》 Electric《エレクトリック》 Vehicle《ヴィークル》を発表して売り出した。電池の燃料に水素を使うので、「水素自動車」（オキシジン・カー）とも呼ばれている。

５年ぐらい前から、日本でも経済産業省などが盛んに「水素社会の実現」と言い始めた。それで政府が補助金を出して、水素バス（燃料電池バス）も走るようになった。ヨーロッパでも小型の水素鉄道列車が走っている。

トヨタは今年の5月に、この水素自動車で24時間耐久レースに出場して完走した。社長の豊田章男が自分で運転した。水素自動車「水素カローラ」では世界で初めてである。この技術の先に、フリーエネルギーがある。

人間（人類）は、木を燃やしてエネルギーにしてきた。それから石炭、石油、そして天然ガスの時代になった。だがフリーエネルギーが実用化されれば、それらを掘り出して配る手間が要らなくなる。ということは、人間が働かなくてもいい社会が、究極的には成立するのである。

もうひとつ電磁波発電《でんじははつでん》というのが有るらしい。これは電磁波を使って発電するので、蓄電《ちくでん》（バッテリー）や送電の必要がなくなるらしい。まさに「電気エネルギーを制御《コントロール》するソフトウエア」時代である。今は、これ以上のことは私には分からない。

5章　3年後の世界大恐慌に備えよ

世界的な株安を招いた恒大集団の行方

2章で詳述した、中国の不動産開発大手である恒大《こうだい》集団（Evergrande Group《エバーグランデ グループ》）のデフォールト問題は続いている。一時は世界的な株安を招いた。9月23日に、恒大が発行した社債（コーポレット・ボンド）の利払いの7億ドル（700億円）とかが、出来なかった。これで恒大の破産（bankruptcy《バンクラプシー》）が決まったかのように不安が広がった。それでドッと世界各国の株価が下がった。このあと恒大の香港市場での株式の取引が停止《サスペンド》された。その記事を載せる。しかしまだ、上場の廃止とかではない。上場廃止になると、恒大の株式は紙クズ同然になる。今のところはまだ、高値のときから9割ぐらい下落して値段が付いている（P49のグラフを参照）。

　中国の金融実務では、企業の債務不履行（デフォールト）＝経営破綻は、手形や債券の利払い不能から1カ月後となっている。だから10月20日ぐらいに、恒大の経営破綻は決まる。しかし中国政府は恒大を破産させないだろう。高層住宅への入居予定者たちが前払いした頭金（ダウンペイメント）の分と、すでに組まれた住宅ローンだけは政府が保護するために、である。しかし、恒大の経営陣と株主と債券購入者（債権者）というステイクホルダー（利害関係人）たちを守ることはしない。彼らには出資者責任を取らせて全額返済せず（未償還）とするだろう。

「中国恒大集団、株式の売買停止「重要取引」発表控え」

中国不動産大手の中国恒大集団の株式が10月4日、香港株式市場で一時的に売買が停止された。同社をめぐっては、投資家らが先行きに関する発表を待っている。恒大集団は、世界最大の負債を抱える不動産開発会社となっている。経営の危機が破綻へとつながれば、世界市場に衝撃を及ぼすと懸念されている。同社は香港証券取引所への届け出で、売買停止について、「重大な取引に関する内部情報を含んだ発表」を前に実施されたと述べた。

恒大集団をめぐっては、傘下の不動産企業の株式の51％を、恒大集団のライバルで香港で上場している合生創展集団が50億ドル（約5550億円）超で買う見通しだと、中国メディアの財聯が報じた。合生創展集団はこの報道にこれまでコメントしていないが、「重大な取引に関連した」発表があるまで、自社株式の取引を一時停止するとした。（後略）

（ＢＢＣ　２０２1年10月４日）

恒大集団の負債総額は2兆元（３０５０億ドル）、日本円で34兆円である、と言われている。はじめは「中国版リーマン・ショックだ」と騒然となった。しかし、この恒大集団の危機については、それほど不安視するべきではないという指摘も早いうちからなされていた。〝ヘッジファンドの帝王〟と呼ばれるブリッジウォーター社のレイ・ダリオ Ray Dalio が、以下のように語っていた。

「中国恒大の債務危機は「対処可能」でリーマンレベルの出来事ではない――著名投資家レイ・ダリオ氏」

中国恒大集団が直面している３０５０億ドル（約33兆３０００億円）の債務危機は「対処可能」な状況だと、ヘッジファンド大手ブリッジウォーター・アソシエイツの創業者で著名投資家のレイ・ダリオ氏は語った。9月21日のＣＮＢＣのインタビューでダリオ氏は、「この危機は２００８年のリーマン・ブラザーズの破たんとは違う」と話した。（略）「リーマン・ブラザーズの破たんは、システムを通じて広範囲にわたる構造的ダメージをもたらしましたが、今回のことは根底から揺るがすような類（たぐい）のものではありません」とダリオ氏は話した。

3050億ドルの債務を抱える中国恒大は、世界で最も多額の負債を抱える企業だ。同社は9月23日に利払い期日を控えているものの、支払えない可能性が高く、債務不履行（デフォルト）に陥る可能性があると示唆されている。

中国恒大の窮状が中国の経済成長に悪影響を及ぼし、金融システムを通じて波及するのではないかとの恐れから、20日には世界同時株安が引き起こされた。市場では、2008年の世界金融危機を引き起こしたリーマン・ブラザーズの崩壊を思い出すという声も上がっている。しかし、「中国恒大集団が負っているのは（わずか）3050億ドルで、これは全て対処可能だ」とダリオ氏は語った。

（Business Insider Japan　2021年9月22日）

2章でも書いたとおり、習近平の中国政府は、これを機会に過熱し過ぎた高層住宅入居の熱狂《ユーフォリア》を冷《さ》まさせる気だ。住宅バブルの狂乱状態から人民（国民）を醒《さ》まさせ覚醒《かくせい》させるだろう。そのために中国の不動産（高級な一戸建ても多い）価格が1割、2割下落して、それで中国経済に不況《リセッション》の打撃が来るとしても、それぐらいのことには、中国は堪《た》えられると考えている。この政策判断は冷静である。

■「借金の天井」で右往左往するアメリカ

パウエルFRB議長は、「量的緩和縮小（テーパリング）の開始を次回の会合（FOMC）がある11月にも決定する見通しを表明し、ゼロ金利の解除時期を2022年に前倒しする」と言っていたのだ。ところが真実はそれをひっくり返してしまったので、テイパリングはできない。

ひとつ前のFOMC（7月）では、P41の図版で示したように、テイパリング tapering をする、と言っていた。テイパリングとは、ロウソクの火が少しずつ、スーッと消えてゆくことである。周《まわ》りに騒がれないように注意深く燃料の継ぎ足し（料理の大盤ぶるまい）を止《や》めてゆくことである。金融政策の場面では、過剰に出しすぎたコロナ対策費などの資金を止めて逆に回収して引き締めることである。パウエルは、この引き締め（テイパリング）を始めるようなことを言っていた。

連邦《れんぽう》の累積赤字はどこまでも増える。
債務上限（デット・シーリング）
3000兆円でアメリカは苦しむ

米国債の発行残高（直近9年。米財務省発表）

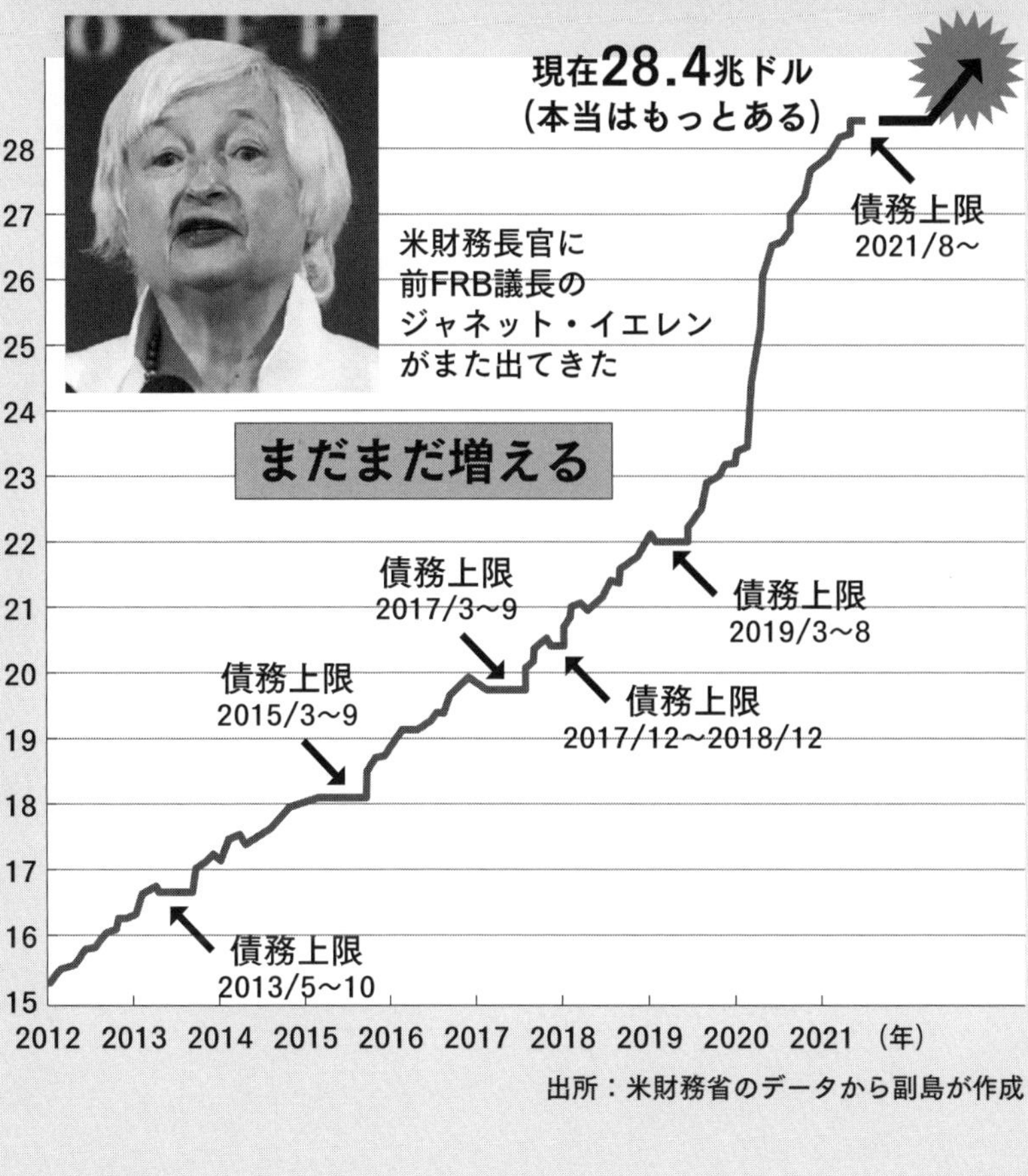

出所：米財務省のデータから副島が作成

アメリカは、緩和縮小と金利上げ（こっちのほうを市場は嫌う）の両方とも、どうせできないのである。

米財務省（トレジャリー・デパートメント）も、右往左往している。今の財務長官は、なんとあのジャネット・イエレン Janet Louise Yellen ばあさん（75歳）である。イエレンは２０１４年から２０１８年まで、ＦＲＢの議長だった。それが今年1月、財務長官に就任した。アメリカには人材がいないのか。

イエレンが躍起《やっき》になっているのは、アメリカの「債務上限」（debt ceiling デット・シーリング）の問題である。債務上限とは、連邦政府（ワシントンの中央政府）がいくらまで借金できるかの天井のことだ。もうこれ以上は借りられない、とする上限が法律で決められる。債務上限はギリギリの28・4兆ドル（３０００兆円）まで来ているので、どうしても、議会に承認してもらわなければいけない。これができないと、アメリカ政府はデフォールトに陥《おちい》ってしまう。毎年この騒動をやっている。

イエレンが財務長官だから「共和党よ。債務上限をさらに2兆ドル、上に引き上げる決議に賛成してくれ」と騒ぎ立てる役目である。

「イエレン氏、債務上限巡り議会にあらためて要請――「大惨事」回避を」

イエレン米財務長官は議会に対し、連邦債務上限を引き上げるか、（連邦破産法の）適用を一時停止するようあらためて呼び掛けた。さもなければ、上限突破を回避するための政府資金は10月のいずれかの時点で尽きるとみている。

イエレン氏は米紙ウォールストリート・ジャーナル（ＷＳＪ）への寄稿で、「議会が、債務上限を引き上げられなければ広範な経済的大惨事が生じるだろう」との見解を示した。

米下院は今週、現在の28兆ドル（約３０７９兆円）規模の債務上限の引き上げを巡り採決を行う。この問題を巡る両党の対立は続いており、政府は来月にもデフォルト（債務不履行）に陥る恐れがある。

イエレン氏は、政府がデフォルトに陥れば「歴史的な金融危機を引き起こし、公衆衛生上の危機のダメージを悪化」させ、米国をリセッションに追い込み、「恒久的な国の弱体化」につながりかねないと指摘。「遅延もデフォルトも容認できない」として、議会は迅速に行動する必要があると付け加えた。

（ブルームバーグ　2021年9月20日）

今年の8月1日に、アメリカの債務上限は28・5兆ドルと認定された。米財務省が発表した連邦予算を組むための米国債の発行残高は28・4兆ドルである。ということは、もはや連邦政府は1000億ドルしか余裕がない。アメリカの政府資金は底を突く。

このあと9月30日に、議会が妥協して臨時のつなぎ予算（インテリーム・バジェット）を認めた。このあと10月中に本《ほん》決議をしなければならない。しかし、どうせ野党である共和党が折れて、債務上限をさらに2兆ドルとか、上に引き上げる。これは米国民には分からないように、議会内の手続きで、いつの間にか可決していることにする。いつもの手口である。

それよりも私は、この28・4兆ドル（3000兆円）という、アメリカの中央政府だけでも、こんなに累積の大借金があることの事実に注目している。毎年、この数字（金額）を巡ってアメリカ議会でモメる。

本当は、この6倍の30×6＝180で180兆ドル、すなわち約2京《けい》円（2000兆円の10倍）の赤字（大借金）をアメリカ国は、民間の分も含めて抱えている。このうちの1

400兆円（13兆ドル）が日本からふんだくっている資金である。アメリカは、これを返すはずはない。

■金《きん》価格は反転上昇へ

1章から引き継いで金《きん》の話をする。

金《きん》の値段がようやく反転上昇の動きに入った。直近では10月12日のニューヨークのCOMEX《コメックス》の中心限月《げんげつ》の終値《おわりね》で、1オンス＝1762ドルである。1800ドルの攻防戦で50ドル落ちたままである。

国内の金《きん》の取引市場は、今はTOCOM《トコム》（東京商品取引所）が東証《とうしょう》を営む日本取引所グループ（JPX）に入って、大阪取引所に移った。ほとんどがオンラインでの取引であって、仲買人《なかがいにん》が集まってする場立《ばた》ちの取引は完全に消えた。国内金《きん》は、この大阪取引所の卸値で1グラム6300円ぐらいだ。P219のグラフのとおりである。小売の場合は、これに700円（10％の消費税プラス手数料）を足す。すると6900円である。つまりグラム7000円である。

金の地金《じがね》をお店で買う場合は、今は100グラムの延《の》べ板《いた》で買うのが主流である。100グラムの板で70万円だ。まだまだ安い。今のうちに、この値段で買うべきだ。

最近の動きでは、前述したが田中貴金属など小売の店が金貨を売らなくなった。「メイプルリーフ金貨1オンス、1／2オンスは造幣局からの入荷時期が定まらず、安定供給の見込みが立たないため販売を中止しております」と、ウェブサイトに表示してある。

1オンス金貨は31・1グラムである。カナダ政府の造幣局が作っているメイプルリーフと、ヨーロッパのオーストリア政府が発行しているウィーン・ハーモニーがほとんどだ。田中貴金属が売らなくなったということは、これまでに業者たちが仕入れた金貨のほとんどが売り切れたのだろう。金貨（ゴールド・コイン）はもう買えなくなっているのだ。


だから100グラム70万円弱の板が、金《きん》の主要な商品になっている。1キロの延べ板であれば、10倍して700万円弱である。お店によっては700万円より少し高くで売り買いされているだろう。

金《きん》の保有の問題は、そのまま税務署と私たち国民の心理戦争（サイコロジカル・ウォーフェア）の問題になる。国税庁（税務署）が金の取引と保有に敏感になっている。今年の

金《ゴールド》の反転上昇がようやく始まった

今年8月7日から2週間の金価格の動き

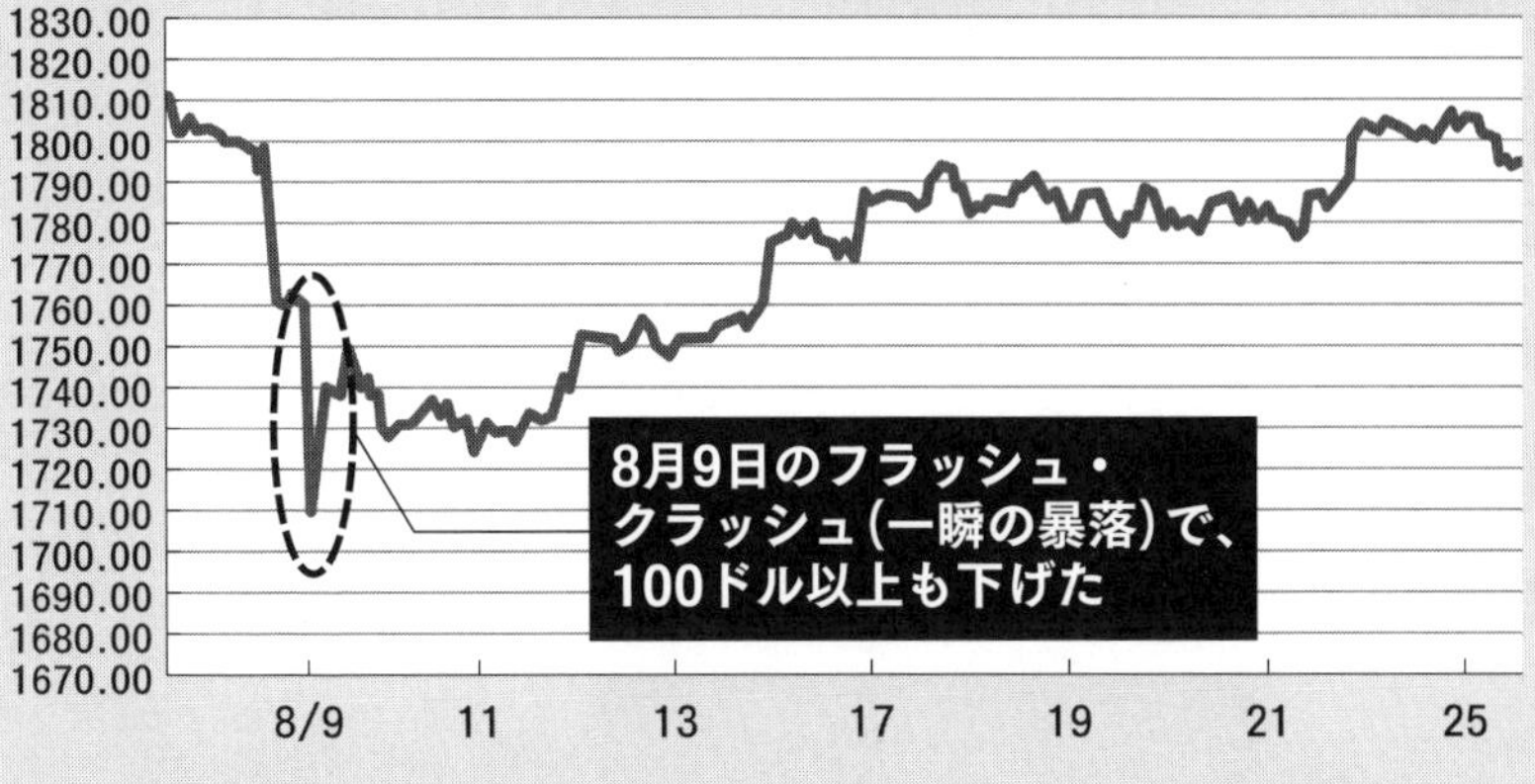

一瞬の暴落値段に“指し値”をしていた人たちは、大儲けした。セミプロから上の相場師たちがすることである。

逆に、予想外の高値が起きることを見込んで、先物で売りの指し値をすることができる。

6月に、国税庁が制度改革をやった。それによると、「AI（人工知能）のビッグデータの考えを導入して、個人の貴金属の保有状況を捕捉《ほそく》して、課税調査に利用する」と決めたようである。ただし、この「個人」というのは、金持ちたちのことである。だから、普通の人たちは心配しないでください。金《きん》を3キロ（3枚）とか5キロ（5枚）持っているぐらいの人たちを税務署は相手にしていない。

私がこのように書くと、「誤解を生む。それは正しくない」と言う人がいるだろう。だが、実情はそうなのである。「何が正しいか、そうでないか」を決めつけることはできないのだ。国家（政府、役人）といえども、「何が正しいか」をはっきり言える者はいない。

このことで一番苦しんでいるのは、公務員（役人）たちである。「オレたちは、人《ひと》（国民）のお金《かね》、財産のことであれこれ偉そうなことを言える人間ではないんだよ、本当は。オレたちこそは貧乏人なのだ」と税務署員や国税庁の職員たちは思っている。「金持ちだったら、こんなイヤな職業をやってないよ」と彼ら自身がしみじみ分かっている。

だから、前述した「個人」というのは、「法人」ではない、という意味なのである。税務署、国税庁が相手にしたいのは、「大金持ちの個人」だけである。だから、この「個人」というのは、個人（法人の分を含まない、の意味）としての金融資産（預金や株）で、1

金《きん》の国内の卸《おろし》価格は下落したので上昇へ（直近8年）

出所：日本取引所グループ　大阪取引所の資料から作成

銀行の貸金庫はもう借りられなくなっている

●銀行の店舗の急激な減少で、貸金庫も減っている。満杯で借りられない。

●銀行は税務署の言いなり。監視カメラの映像をすべて見せる。

これからは、銀行以外の民間の倉庫業者の貸金庫を利用するべきだ

ワインやアート（美術品）と同じように保管してくれる

例えば　●住友倉庫　●寺田倉庫　●三菱倉庫
●（株）セフティボックス　●国立《くにたち》倉庫（株）などがある

億円以上の人たちのことである。年収で言っても1億円以上の人たちだ。金持ち（資産家）は、この他に不動産の資産を持っている。

資産としての不動産というのは、自分の自宅以外に、賃貸《ちんが》し用の商業ビルか鉄筋（RC《アールシー》）アパート（いわゆる賃貸しマンション）である。こういうビルを3棟、5棟持っていて初めて金持ち層である。これで資産評価で10億円から20億円になる。これの相続税分を国（国税庁）は狙っている。

私の本の読者の中に、そういう人がたくさんいる。あるいは「親が金持ち（資産家）だが、親が死なない限りは自分には財産が回ってこない。自分はサラリーマンをやっている」という人たちもいる。今どき、このような金融本（単行本）を、わざわざ買って読んでくれるのは、こういう「（賃貸し）ビル・オーナー業」か各種の自営業（個人事業主）の人たちで、勘《かん》の鋭い人たちだ。おそらく私は日本で一番、この「勘《かん》の鋭い人たち」を読者に抱えている。「昔は自分で商売（事業、法人）をやっていたが、儲からないのでやめて、今は賃貸しビル・オーナー業だ」という人たちが多い。すなわち、今の金持ち（資産家層）の中心は、こういう人たちだ。

私は自分の本の読者を小金持ち《こ》（小資産家層《しょう》）だと一応決めつけているが、これと大金《おお》持ちとの区別はつかない。おそらく個人資産（法人にしてあっても）が500億円ぐらいある人から上が大金持ちであろう。しかし、この30年間で不動産の値下がりがヒドいので、果たして、実際の厳しい評価額でいくらぐらいか、明確には出せない。本物の本当の大金持ち（大企業オーナー一族）は、もうとっくに国外に逃げた。相続税対策で日本に大きな資産を残していない。こう書くとまた語弊《ごへい》が出る。

人間は、いろんな人がいて、千差万別であるから、あまり決めつけられない。しかし、コトバ（文章）というのは、どうしても決めつけることに意味があるらしくて、私はフニャフニャと書くのがイヤだから、何事《なにごと》も決めつけで、はっきりと書くようにしている。

■では、金をどこに保管すべきか

金《きん》を銀行の貸金庫に預けている人たちは注意してください。

自分の保有している金が、過去7年間以内の取引の売買証明書が付いていれば、それで何の問題もない。金《きん》を売るときに、買ったときの値段がはっきりと証明できれば、税務署に何か言われても、経費を除いた額である売買利益に30%を掛けたぐらいの額が課税されるぐらいである。

ところが、税務署から狙われる金持ち（資産家）たちにとっては、7年を超したものをどう処理するかが問題だ。「税法上の（公訴の）時効は7年」である。例えば2012年より前に買った金についてては、それが税務調査で見つかったときに税務署は課税できないというキマリが本当にあるのだ。

古い時期（昔）に買った金《きん》に関しては、買ったときの証明をする必要がないのである。金《きん》を売って利益（課税所得）が出たわけではないので課税のしようがない。おかしな話だが、この問題で税務署も頭を抱えているようだ。課税するための税額を決定する責任は税務署側にある。納税者は「知りません。分からないことは分かりません」と突っぱねればいい。調査して課税の税額を決める根拠と証拠がないと、課税できないのだ。

私がこれまでも書いてきたとおり、銀行の貸金庫はほとんど借りられなくなっている。銀行の貸金庫に預けていると、監視カメラで撮影される。保管品を出し入れするときは小さな傘で隠すようにしてやりなさいと書いてきた。このやり方を続けるべきだ。

これからは倉庫業者の貸倉庫に預けることを考えなさい。ここでも小さな引き出しのような貸倉庫では銀行と同じ問題がすでに出ている。税務調査で、「貸倉庫の出し入れの映像（ビデオ）を倉庫業者は税務署に提出せよ」という国税庁側の動きが出ている。税理士が立ち合いで客の立場で動く。そういう立派な税理士を捜しておくべきだ。元《もと》税務署員（国税あがりと言う）の税理士は避けるべきだ。どうしても税務署の手先になる。「試験《しけん》組《ぐみ》」と言ってキチンと試験を受けて合格した税理士に頼むべきだ。私がこのように書いても国税庁は私に反論できない。私が書いていることが正論（正当）だ、と国税庁も認めるしかないからだ。

だから貸倉庫のウォークイン・クローゼット、すなわち人間が入るぐらいの大きさの貸しトランクルームを借りるのがいい。そしてそこに、大切な書画骨董《しょがこっとう》や記念品とかと一緒に貴金属もケースに入れて保管するようにしなさい。

3年後、金の値段は3倍になる

金《きん》の値段は、まだまだ安い。P221のグラフにある国内金《きん》の卸値《おろしね》での最高値は、2020年8月7日に付けた6991円だった。まあ簡単に言えば7000円弱だ。小売りはプラス7000円だから、1グラム7700円である。私はこのあと1グラム1万円になると思ったが、上値《うわね》が重たかった。

国際価格では、NY金《きん》の最高値は、日本国内と同じ時の「8月6日の1オンス＝2069ドル」である。2000ドルを超した。このときは「金の時代が来た」と、みんなが喜んだ。そこから今は300ドル落ちている。しかもP219のグラフに載せたごとく、8月9日にフラッシュ・クラッシュという一種の暴落が起きて、1677ドルまで下げた。

この暴落値段に〝指し値《さね》〟をしていた人たちは儲けただろう。だが、こうしたことをやっているのは先物《フユーチャー》取引で、セミプロから上の相場師たちだ。この暴落のあと1761ドルまで戻した。

グラフからも分かるように、1オンス＝1800ドルぐらいが平均的な値段である。やがて1900ドルに回復することが予想される。日本で言えば、小売りで1グラムが8000円ぐらいに、やがて戻るということである。

だから、このあとも保有している金《きん》をしっかり握りしめてください。3年後の2024年に強く予想される世界大恐慌のときには、金《きん》の値段は今の3倍になるはずである。そのときを楽しみに待っていてください。

世界中の中央銀行が、ふたたび金買いを増加させている

新興国中銀の金買いが目立つ

国名	1〜6月の金準備の増減	金準備残高と外貨準備に占める割合
タイ	90.2トン	244.2トン （6%）
日本	80.8トン	846.0トン （4%）
ハンガリー	63.0トン	94.5トン （15%）
ブラジル	53.7トン	121.1トン （2%）
インド	29.0トン	705.6トン （7%）
ウズベキスタン	25.5トン	358.0トン （59%）
トルコ	13.5トン	408.2トン （29%）
カンボジア	5.0トン	50.4トン （14%）
ポーランド	3.1トン	231.8トン （8%）
モンゴル	1.8トン	9.9トン （12%）
カザフスタン	▲1.9トン	385.9トン （62%）
アラブ首長国連邦	▲2.0トン	55.6トン （3%）
ドイツ	▲3.3トン	3359.1トン （75%）
ロシア	▲6.2トン	2292.3トン （22%）
フィリピン	▲27.2トン	161.6トン （9%）

（注）▲は減少、残高は2021年5月〜6月時点。日本は政府内での資産組み替えによる外国為替資金特別会計の増加。

出所：WGC　　日本経済新聞　2021年8月30日から作成

各国は金《きん》を国家準備（リザーブ）にしている。
これが国家の信用の元《もと》である。

■迫り来る嵐の時代を乗り切るために

P227に載せた表のとおり、世界中の小さな国々が金《きん》を買っている。政府が金を買う場合は、その国の中央銀行が買う形になるのだが、表で分かるように、タイやインド、トルコ、カザフスタン、ウズベキスタン、さらにはフィリピンのような国の金の買い出しが目立っている。

私のこれまでの本で書いてきたが、ロシアが、今では2400トンぐらいの金《きん》を持っている。ロシア政府（プーチン政権）は5年前に米国債をすべて投げ売りして、金に替《か》えた。金こそは、まさしく「準備制度」と訳される「リザーブ」reserve そのものであって、各国の中央銀行の信用の大元《おおもと》、根底をなしている。

話は脱線するが、私は6年前（2015年）、イランに調査旅行に行った。そのとき、イラン国の首都テヘランの中央銀行の裏手にある、かつての王宮のような建物に観光客が押しかけていた。そこは宝石博物館だった。どれほどの宝物や最高級の美術品が置いてあるのかと思ったら、その中心は大きな大きなダイヤモンドだった。縦10センチ、横7センチぐらいの平たい大きなピンクのダイヤモンドであった。これがイラン国が世界に誇る国宝であり、国家の信用の元《もと》なのである。それは王冠にそのまま取り付けられるような感じで飾られていた。

どうもこの最高級の大《だい》ダイヤモンドは、今のインドにあるものと、そしてそれと兄弟品だとされる英エリザベス2世女王が王冠に嵌《は》めているのと同じくらいのダイヤである。この大きなピンクのダイヤ（186カラット。元は400カラットで分割されたらしい）は、一体どれぐらいの値段が付くのだろうか。いや値段は付けられない。パリのルーブル美術館の「モナリザ」（ダ・ヴィインチ作）と同じく値段が付かない。2000億円（20億ドル）とか評価してみても、どうもしっくりこない。1兆円（100億ドル）と言ってみても何だか虚《むな》しい。一体、お金とか財産というものは、突き詰めたら何なのか。分からなくなる。金《きん》は、この点では庶民でも買える、有難い財産であり、価値の基準である。

ふたたびP227の表を見てほしい。日本の金《きん》保有量は現在846トンである。つい最近、どこかに隠していた80トンを表《おもて》に出した。これは日本政府のものなのか、中央銀行（日銀）のものなのか、よく分からない。

敗戦直後に、日銀の地下金庫にあった765トンはそのまま米軍（占領軍）に取り上げられて、「強制預かり」の形で、アメリカに持って行かれた。それ以外にこの80トンが「見つかった」ということだ。もっともっとあちこちに隠し持っているだろう。天皇家の金《きん》のこともあるし。

だから日本の場合は、この846トン掛ける1グラム7000円で、約6兆円。国家の信用の元《もと》である金の保有が、日本はたったの6兆円分しかない。こんなみっともない額の保有しか許されていない。本当は、ドイツよりも多い5000トン、いや1万トンを持っていて当たり前なのだ。それでようやく70兆円（7000億ドル）分だ。

私は長いこと、自分の本に、このWGC（ワールド・ゴールド・カウンシル）の各国政府金保有の表を使ってきた。はっと気づいた。イギリスとフランスは、ここに金《きん》の保有量を公表していない。なんとずるい話だろう。おそらく、それぞれ5万トンぐらいずつ持っているだろう。「女王陛下の金」のこともあるし。中国は、もう端《はな》からからWGCを相手にしなくなった。WGCが尋ねても答えない。おそらく中国政府は、すでに3万トンぐらい持っている。もっともっと増やすだろう。

アメリカ政府は8300トンの金《きん》を持っていると公表してきた。だが、実はスッカラカンで、ほとんど無いことは世界中にばれてしまっている。アメリカ合衆国の金は、外国為替の決済の帳尻を合わせるために、外国に流れ出てしまっている。

公式には、今でもケンタッキー州フォートノックスの陸軍基地の中の、横穴で大きく掘っていったトンネルのような巨大倉庫にニューヨーク連邦銀行（ＦＲＢで Federal Reserve Bank of New York である）が保管してあることになっている。だが、もうない。私がこれまでに何回も書いたとおり、ドイツ、日本から強制的に預かっている分の金、それぞれ１６００トンと７６５トン、ここにあるはずなのだが、使い込んでしまっているようだ。

日本政府（日銀の勘定にある）の金は、たった6兆円分だ。３年後の大恐慌突入でアメリカ国は破綻する。そのときは「もういいよ、預かってもらっている日本の金《きん》は返してくれなくても。どうせもう無いんだろう」と返還請求する権利を投げ捨てればいい。どうせアメリカは返す気がない。

ただしそのときは、「その代わりに、これを限りに。日本はアメリカから自由になります。今後はあれこれと命令や指図をしないでください」と釘を刺したほうがいい。金《きん》以外にも、前述した１４００兆円（14兆ドル）ぐらいのアメリカの財政を助けるために秘密で支出した（毎年30兆円ぐらい）膨大な貸し金がある。これの担保《プレッジ》として米国債を受け取った形になっている。米国債《ナショナル・ボンド》（トレジャリー・ビル、ＴＢ《ティービー》）という債券《ボンド》を買ったことにして、日本の７つの政府系銀行の隠れ勘定（これは絶対に公表しない）に載せてある。この帳簿の反対勘定で日本からの貸付金《かしつけ》（融資金）をアメリカ政府に渡し続けたのである。

このとき、アメリカのドル札《さつ》の信用（金《きん》ドル体制）が壊れるのだから、ドルの価値はどこまでも暴落する。ドル建てである米国債も大暴落する。米国債は償還《しょうかん》（返済。reimbursement《リインバースメント》）されなくなって紙くずになっているだろう。それは、日本では昭和21年（１９４６年）に起きた戦時公債《せんじこうさい》（日本国債）が償還されなかったことと同じだ。私たちはこの事態に今のうちから備えなければいけない。

日本政府やメディア（テレビ、新聞）の言うことなど当てにならない。アメリカ様《さま》の力にしがみついて、いつまでも「アメリカが守ってくれる」という幻想に酔っている人たちは、自分の金融資産を吹き飛ばせばいいのである。私の知ったことではない。

それに対して、私が守らなければいけない私の読者たちは、金《きん》をしっかり買っているだろう。だから、それを大事に持って、迫り来る嵐の時代を乗り切ってください。

あとがき

10月に入ってコロナの緊急事態宣言が解除された。すると急に世の中の空気pneuma《ニューマ》がガラリと変わった。

コロナウイルスとワクチンの大騒ぎが過ぎ去ったわけでもないのに、人々は、一斉に郊外へ行楽に出かけるようになった。去年の3月からの、コロナ恐怖症の頭の感染症（伝染病）が吹き飛んで、せいせいしている。

日本の政治も顔ぶれが変わって（本当は何も変わらない）みんな気分がよさそうだ。だが、金融・経済の動きには、ちっとも明るさは見られない。株式の動きは、下落、暴落の趨勢《すうせい》（トレンド）へ向かっている。私はこの本で、株式の売り買いは健全な金融投資であるが、その周《まわ》りに異常に溢《あふ》れかえって出現している、まるで新型ウイルスのような虚《きょ》妄《もう》の各種の債券（ボンド）が人間に悪いことをする、と強調して書いた。これから本当に危険なのは、債券市場《ボンドマーケット》崩れによる世界恐慌突入である。

それと中国の「デジタル人民元《レンミンビ》」が先行し、代表されるＣＢＤＣ《シービーディーシー》（中央銀行《セントラルバンク》デジタル通貨《カレンシー》）が、ドル覇権（米ドルによる世界支配体制）を突き崩して、取って代わりそうだ、と力説した。私たちの生活もスマホ決済（電子マネー）が当たり前になりつつある。

仮想通貨（暗号資産《クリプト・アセット》）を中国政府が本気で全面禁止にした（9月24日）。このことは、ただちに仮想通貨の敗北、消滅にはならないが、おそらくこれからできる新しい世界通貨体制《ニュー・ワールド・マネーオーダー》の中に、ブロックチェーンの技術とともに取り込まれてゆくだろう。それでも、米ドルに代わる新世界通貨体制でも、それを担保し、信用の土台となるのは金《きん》である。いくらテクノロジーが発達しても、人間（人類）は金（ゴールド）とともに生きてゆく。

その他、10月に入ってから急に変化した世界の金融、経済の顔つき（相貌）に、私は慌てふためきながらも、なんとか喰《くら》いついて世界最先端の課題を書き並べることができた。この本も、もう四半世紀を連れ添った祥伝社の岡部康彦氏との二人三脚でできた。記して感謝します。

２０２１年10月

副島隆彦

ホームページ「副島隆彦の学問道場」　http://www.snsi.jp/

ここで私、副島隆彦は、前途のある、優秀だが貧しい若者たちを育てています。

会員になってご支援ください。

切りとり線

★読者のみなさまにお願い

この本をお読みになって、どんな感想をお持ちでしょうか。祥伝社のホームページから書評をお送りいただけたら、ありがたく存じます。今後の企画の参考にさせていただきます。また、次ページの原稿用紙を切り取り、左記編集部まで郵送していただいても結構です。

お寄せいただいた「100字書評」は、ご了解のうえ新聞・雑誌などを通じて紹介させていただくこともあります。採用の場合は、特製図書カードを差しあげます。

なお、ご記入いただいたお名前、ご住所、ご連絡先等は、書評紹介の事前了解、謝礼のお届け以外の目的で利用することはありません。また、それらの情報を6カ月を超えて保管することもありません。

〒101―8701（お手紙は郵便番号だけで届きます）
祥伝社　書籍出版部　編集長　栗原和子
電話03（3265）1084
祥伝社ブックレビュー　www.shodensha.co.jp/bookreview

◎本書の購買動機

＿＿＿＿新聞の広告を見て	＿＿＿＿誌の広告を見て	＿＿＿＿新聞の書評を見て	＿＿＿＿誌の書評を見て	書店で見かけて	知人のすすめで

◎今後、新刊情報等のパソコンメール配信を　　希望する　・　しない

◎Eメールアドレス　　※携帯電話のアドレスには対応しておりません

@

１００字書評

コロナ対策経済で大不況に突入する世界

住所
名前
年齢
職業

コロナ対策経済《たいさくけいざい》で大不況《だいふきょう》に突入《とつにゅう》する世界《せかい》

令和3年11月10日　初版第1刷発行

著　者　副《そえ》島《じま》隆《たか》彦《ひこ》

発行者　辻　浩明

発行所　祥《しょう》伝《でん》社《しゃ》

〒101-8701
東京都千代田区神田神保町3-3
☎03(3265)2081(販売部)
☎03(3265)1084(編集部)
☎03(3265)3622(業務部)

印　刷　堀内印刷

製　本　ナショナル製本

ISBN978-4-396-61769-1 C0033　Printed in Japan
祥伝社のホームページ・www.shodensha.co.jp

副島隆彦の衝撃作

2020年刊

金《きん》とドルは光芒《こうぼう》を放ち決戦の場へ

金地金1グラムは1万円になる。
迫り来る金融大変動に備えよ！

Gold will defeat curent US Dollar

祥伝社

巻末特集

短期間で急上昇しそうな小型株20

✂端をハサミやカッターで切り、ページを開いてください。

袋とじ

〈銘柄一覧の見方〉

① 企業名の下に付した４ケタの数字は「証券コード」。
②「最近の株価」は２０２１年１０月１日の終値。
③ 株価チャートは直近６カ月間。日本取引所グループ他の時系列データから作成した。
④ 今回、推奨する銘柄は、すべて東証１部上場。

なぜ、不況なのに株高なのか

日本の株式市場は、バブル崩壊後の最高値を更新したあと下落を始めた。本書で私が書いたとおり、その理由はコロナ、ワクチン騒ぎで景気が悪化するので、日本政府が何度も超《ちょう》金融緩和策をやって、巨額の〝コロナ・マネー〟がバラ撒《ま》かれたからだ。

しかし、いくらお金《マネー》を撒き散らしても、世の中は不況だから、企業の投資意欲は回復しない。企業が設備投資のために土地を買い、工場や倉庫を新たに作り、人を雇い、機材を購入して、人材トレーニングを行なったうえで、新たな生産活動をするためには、世の中の需要《デマンド》と実需《じつじゅ》の回復が必要である。

日本政府は２０２０年4月から、コロナ騒ぎの緊急事態宣言で、人々の暮らしと経済活動を抑え込んで実需を無理やり減退させた。商店を閉めさせた。そのくせに、コロナ対策の「持続化給付金」というお金を撒き散らした。すると、実体経済への行き場を失《な》くしたお金は滞留《たいりゅう》して、そして循環して金融市場に流入した。**これは典型的な金融相場だ。「不況なのに株高」である。**

今度の作られた金融相場では、最初に日経平均採用銘柄（日経２２５）をはじめとする「指数《しすう》組入れ銘柄」に資金が集中した。これらを何も考えずに黙って買いさえすれば、上がって儲けることができた。２０２０年中は、日銀がＥＴＦ《イーティーエフ》という道具（真実は、日銀の自己買い）を使って、